사계절 생태 환경 수업

사계절 생태 환경 수업

지구하자 초등환경교육연구회 지음

지식프레임

기후 위기 시대를 살아갈
학생을 가르치는 교사이기에

'지구하자 초등환경교육연구회'를 만들자고 결심했던 2020년은 다사다난한 해였습니다. 기후 변화로 인해 생태계 파괴가 가속화되었고, 지금껏 경험하지 못했던 강력한 감염병이 출현했지요. 그렇게 우리는 코로나19 바이러스가 바꿔버린 일상 속에서 온라인 수업과 가림판이 세워진 교실에 익숙해져야 했습니다. 또한 플라스틱 쓰레기 문제가 부각되었고, 끊임없이 들려오는 세계 곳곳의 기후 재난 소식으로 인해 기후 변화가 환경 교육의 중요한 이슈로 떠올랐습니다.

사실 교육 현장에서 환경 교육은 오래전부터 시행되어 왔습니다. 제가 초등학생일 때도 환경 교육을 받았으니까요. 녹아버린 얼음 위에 겨우 버티고 선 북극곰의 사진과 지구 온난화 이야기는 누구에게나 익숙합니다. 그런데 참 이상하지요? 환경 교육을 받았음에도 저는 환경 문제를 심각하게 생각해 본 적이 없었습니다.

그러나가 2020년 여름, 1급 정교사 연수를 들으며 제 생각은 바뀌었습니다. SBS 고혜미 PD의 환경호르몬 연수에서 새집증후군으로 온몸에 아토피가 생긴 아이, 생리통으로 잠 못 이루는 학생, 임신이 되지 않아 시험관 시술을 여러 차례 시도한 여성의 이야기를 들었습니다. 깊게 고민하지 않았던 문제였는데, 연수를 들으며 유해물질은 언제든 내 삶을 뒤흔들 수 있겠다는 생각이 들었습니다. 그게 시작이었어요. 환경 문제가 곧 나의 문제가 될 수 있다고 깨닫는 순간, 나를 둘러싼 환경이 다르게 보였습니다.

우선, 가장 먼저 쓰레기가 보였습니다. 언젠가 필요할 거라고 믿었지만 쓰지 않던 물건들과 재활용이 된다는 이유로 쉽게 버려지는 물건들이 보였습니다. 또한 제로웨이스트(Zero Waste)를 공부하고 나니 내가 먹었던 음식이 어디서부터 어떤 과정을 거쳐 왔는지 보이기 시작했고, 채식을 공부하고 나니 기후 변화가 '기후 위기'라고 불릴 만큼 심각하다는 것을 알게 되었습니다. 물론 안다고 해서 삶이 완전히 달라진 건 아니었지만, 이미 마음 한쪽에 자리 잡은 불편함 때문에 진실을 알기 전으로 돌아갈 수는 없었습니다.

그러나 기후 위기 문제는 거대하고 급박해서 개인의 실천만으로는 한계가 있었습니다. 제가 할 수 있는 일을 곰곰이 생각해 보니 답은 교육에 있었습니다. 다만 이전과 다른 교육이 필요했지요. 한 학기에 한 번 환경교육주간을 위해 실시하는 환경 교육이 아니라, 환경 문제와 학생들의 삶을 이어주는 환경 교육을 하고 싶었습니다. 그렇게 '지구하자 초등환경교육연구회'는 시작되었습니다.

기후 문제는 사람을 쉽게 무기력하게 만듭니다. 이미 너무 늦어버

렸다고, 몇 사람의 힘으로는 바꿀 수 있는 게 없다는 말을 들을 때마다 외면하고 싶고 좌절감을 느끼게 됩니다. 그럼에도 다시 힘을 낼 수 있는 이유는 '아무것도 하지 않는 것보다는 비일관적이고 사소한 행동이라도 하는 게 분명 낫다'라는 믿음과 그 뜻을 함께하는 사람들 덕분입니다. 기후 위기로 여전히 우리의 미래는 불투명하지만, 많은 사람들의 노력 덕분에 세상이 조금씩 바뀌고 있음을 믿습니다. 그리고 그 작은 희망을 우리 학생들에게도 심어주고 싶습니다.

현재 지구하자 연구회에는 약 20명의 선생님이 활동하고 있습니다. 지구를 사랑하고 환경에 관심 있는 선생님이라면 누구든 쉽고 알찬 환경 이야기를 학생들과 나누실 수 있도록 세심하게 신경 써서 교육 자료를 만들고 있습니다. 처음 발행했던 쓰레기 관련 수업 자료에는 수많은 댓글이 달려 공유되었고, 2022년 어스아워(Earth Hour) 때는 300여 명의 교사와 학생들이 10분 소등행사에 참여하고 인증 사진을 남겨주셨습니다. 대한민국에 의미 있는 환경 교육을 실천하고 싶은 선생님이 많이 계시다는 걸 느낄 수 있었고, 이는 연구회를 꾸려가는 원동력이 되었습니다.

이 책에는 지금껏 발행한 지구하자 연구회 자료뿐만 아니라 연구회 선생님들께서 직접 실천해오신 다양한 환경 교육 수업 사례가 담겨 있습니다. 저는 교육의 힘을 믿습니다. 나의 가치관과 태도에 따라 변화하는 학생들을 봐왔기 때문입니다. 아침마다 등굣길에 버려진 쓰레기를 매일 주워오던 1학년 아이들, 시키지 않아도 땡볕에 친구들과 쓰레기를 줍던 4학년 아이들을 만났습니다. 자연을 처음으로 자세히 들여봤다는 학생들과 동물들의 아픔에 공감할 줄 아는 학생들도 만났습니다. 불필요한 쓰레기를 줄여달라고, 수족관에 갇힌 돌고래를 풀어달라고 편지를 쓰고 실제 답장을 받으며 나의 행동이 세상을 변화시킨다는 것을 믿게 된 학생들도 만났습니다. 이 책을 통해 많은 선생님들이 그 변화를 함께 경험하면 좋겠습니다.

기후 위기 시대에 교사가 할 수 있는 일은, 학생들이 지속 가능한 지구를 위해 많은 생명들을 존중하며 살아갈 수 있도록 가르치는 것입니다. 친환경적인 태도와 행동이 무엇인지 알고 실천하도록 돕는 것입니다. 무엇보다 개인의 노력만으로 기후 위기를 해결할 순 없기에 자신의 목소리를 내고 연대할 줄 아는 민주시민이 되도록 이끌어주는 것입니다. 한 사람이 아닌 여러 사람이 모여 만든 힘은 생각 외로 더 강력할지 모릅니다. 이 책이 지구를 구하는 작지만 강한 한 걸음을 내딛는 데 도움이 되길 기대합니다.

2022년 11월
저자 대표 정다빈

Contents

프롤로그   004

Part 1 봄 Spring

01 지구를 살리는 지구의 날   015

02 종이 없는 식목일   021

03 환경을 생각하는 학급 규칙 세우기   029

04 쓰레기를 버리는 올바른 방법   036

05 학교 식물도감 만들기   042

06 생명을 살리는 씨앗 폭탄   048

07 친환경 피충제 만들기   054

08 세상에서 벌이 사라진다면?   060

09 멸종 위기 동물을 지켜라!   068

10 오늘은 미세먼지 없는 날   075

Part 2 여름 Summer

11 세계 환경의 날 - 캔크러시   085

12 비닐봉지가 플라스틱이라고?   093

13 물 발자국 줄이기   098

14 내 친구, 친환경 에너지   106

15 지구를 살리는 친환경 에너지 도시   112

16 쓰레기로 뒤덮인 바다   120

17 비상! 이상한 기후   125

18 쓰레기를 줄이기 위해 기업에 편지 쓰기   132

19 출동! 우리 동네 쓰레기 수사대   139

20 쓰레기의 도착지   147

Part 3 가을 Autumn

21 오존층 보호를 위한 의정서 만들기   157

22 농장 동물들의 권리 찾기   164

23 과대포장, 멈춰!   171

24 우리가 먹고 난 후에는?   177

25 환경을 생각하는 먹거리 소비자   182

26 동물 실험은 안 돼!   188

27 청소년 기후 행동 캠페인   196

28 환경과 사회가 함께 행복해요   204

29 우리가 몰랐던 식물 이야기   211

30 학교 주변 쓰레기 줍깅 – 플로깅   218

Part 4 겨울 Winter

31 나만의 습지 여행 코스 만들기   227

32 토양을 지켜라!   235

33 뜨거워진 지구는 위험해!   244

34 탄소발자국 인생게임   251

35 1.5℃를 지켜라! 탄소중립 대작전   258

36 기후 난민, 기후 정의 수업   264

37 1년간의 환경 활동 내용 공유하기   270

38 생활 속 유해화학물질 알아보기   276

39 환경 진로교육 – 그린 잡   282

40 교실에서 실천하는 자원 순환 – 업사이클링   288

지구를 생각하는
40가지 초등 수업·이야기

Part 1

봄

Spring

01
지구를 살리는 지구의 날

👦 **대상 학년** 4~6학년   🐢 **소요 시간** 80분

전기는 우리 생활에 편리함을 제공해 주는 중요한 에너지 자원이에요. 하지만 전기를 과도하고 무분별하게 생산하고 소비하는 과정에서 환경 파괴와 기후 위기라는 부작용이 생기고 있지요. 지구를 지키기 위한 활동 중 하나로 시행되는 전국 소등행사 시기에 맞춰 생활 속 전기 에너지 사용에 대해 아이들과 함께 생각해 보는 시간을 가지면 어떨까요? 작은 실천 하나가 지구를 살릴 수 있다는 것을 깨닫게 되는 소중한 경험을 함께 해봐요.

학습 목표 ───

- 발전의 종류에 따라 온실가스 배출량이 달라짐을 이해하고 기후 위기 해결을 위해 우리가 선택해야 할 발전의 방법을 말할 수 있다.
- 전국 소등행사의 의의를 알고 실천 의지를 다진다.

교과 성취기준

- **[6과13-03]** 전기를 절약하고 안전하게 사용하는 방법을 토의할 수 있다.
- **[4국01-03]** 원인과 결과의 관계를 고려하며 듣고 말한다.

수업의 흐름

활동 순서	활동 안내	자료 및 참고 사항
도입 (20분)	• 온실가스에 따른 지구 환경 위기 관련 뉴스 시청하기	• 동영상, 활동지
전개 (40분)	• 전기 에너지가 어떻게 생산되는지 알고 환경에 미치는 영향 이해하기 • 친환경 전기 생산을 위해 우리가 할 수 있는 일 토의하기 • 내가 사용하는 에너지를 온실가스로 환산해 보기 • 전기를 절약할 수 있는 방법을 찾아보고 실천 서약서 작성하기	• 활동지 - 발전 및 온실가스의 양은 대략적인 수치로 안내하기 - 관리비(전기료) 고지서를 챙겨오도록 사전 안내하기
정리 (20분)	• 지구의 날(기후변화주간)에 대해 이해하기 • 전국 소등행사에 참여하여 인증 사진 공유하기	• 동영상, 활동지

평가 계획 ———

상	지금까지의 발전 방법과 온실가스 배출과의 관계를 알며, 지구를 위한 발전 방법을 찾고 전국 소등행사에 적극적으로 참여한다.
중	지금까지의 발전 방법과 온실가스 배출과의 관계를 알지만, 지구를 위한 발전 방법을 찾는 데 다소 어려움을 느끼며 전국 소등행사에 참여한다.
하	지금까지의 발전 방법 및 온실가스에 대한 전반적 이해가 어려우며, 미래의 발전 방법을 찾지 못한다.

활동 순서와 방법 ———

도입 활동

1 온실가스 위기 관련 뉴스 동영상을 함께 시청한 뒤, 온실가스 감축의 필요성과 지구의 위기에 대해 함께 이야기 나눈다.

2 학습 목표를 안내하고, 학생들이 온실가스에 대해 정보를 검색하고 탐색할 수 있도록 한다.

3 영상에서 나온 중요한 단어와 내용을 활동지에 기록하고, 모둠원들과 공유하며 함께 이야기 나눈다.

♥ Tip

▶ 개인별로 스마트 기기가 있어 활용 가능한 환경이라면 학생들 스스로 관련 영상을 찾아보는 활동으로 구성해요.

전개 활동 1

1 우리나라에서 사용하는 여러 종류의 발전 방법에 대해 알아보고, 우리나라가 어떤 발전에 높은 비중을 두고 있는지 살펴본다.

2 발전 방법에 따른 전기 생산량과 온실가스 배출량을 비교하고 환경에 미치는 영향을 알아본다.

3 친환경 발전 시설에 대해 함께 생각하고, 캠페인 활동, 관공서에 의견 제안하기, 친환경 에너지 활용 물건 사용하기 등 전기 생산시설의 전환을 촉진하기 위해 우리가 할 수 있는 일을 함께 토의한다.

❤ Tip

▸ 전체 온실가스 배출량의 약 80% 이상은 이산화탄소예요. 이산화탄소의 증가가 곧 온실가스 증가로 이어진다는 사실을 이해하고 활동할 수 있도록 해요.

전개 활동 2

1 일정 기간 동안 우리 집에서 사용하는 전기량을 조사하고, 온실가스 배출량을 알아본다.

2 전기 에너지를 절약하는 다양한 방법을 학생 스스로 찾아보고, 실천 서약서를 작성한다.

정리 활동

1 지구의 날(기후변화주간) 홍보 영상을 시청한다.

2 전국 소등행사의 의미와 실천 방법을 알고 실천 의지를 다진다.

3 전국 소등행사에 참여하고 인증 사진을 찍어 학급 누리집에 공유한다.

수업 후기

• 지구의 날을 맞아 진행된 전국 소등행사를 일회성 이벤트로 진행하고 마무리하는 것이 많이 아쉬웠습니다. 그래서 아이들과 함께 전기 에너지에 대해 좀 더 자세히 알아보고, 어떻게 하면 친환경 에너지를 만들 수 있을지 고민해 보는 과정이 필요하다고 생각했지요. 이 수업을 통해 지구 생태계를 위한 우리의 실천이 왜 필요한지 잘 확인할 수 있었습니다.

• 아이들은 전국 소등행사에 많은 사람들이 참여할 것이라고 생각했는데, 막상 밖을 보니 불을 끈 집이 생각보다 많지 않아서 조금 놀랐다고 했습니다. 많은 곳에서 기후 위기를 말하고 있지만 우리의 현실은 아직도 지속적인 관심과 실천이 더욱 필요해 보입니다.

🌳 알아두면 좋아요! _ 지구의 날

4월 22일은 지구 환경 오염 문제의 심각성을 알리기 위해서 민간에서 제정한 '지구의 날'이에요. 우리나라에서는 2009년부터 매년 '지구의 날'을 전후한 일주일을 기후변화주간으로 정하여 기후 변화의 심각성을 인식하고, 온실가스 감축을 위한 저탄소 생활 실천의 필요성을 알리기 위한 소등행사를 전국 각지에서 진행하고 있어요.

02
종이 없는 식목일

👦 **대상 학년** 전학년　　🌳 **소요 시간** 40분

최근 들어 산불에 대한 뉴스가 자주 등장합니다. 울창했던 숲이 잿더미로 변하는 것을 보고 있으면 마음이 너무 아프지요. 나무와 숲이 사라지면 숲속 동물들이 안식처를 잃게 되고, 공기가 제대로 정화되지 못해 우리 인간에게도 심각한 문제가 생깁니다.

우리에게는 나무를 지키기 위해 나무를 심는 '식목일'이 있습니다. 하지만 현실적으로 우리 모두가 나무를 심으러 가기에는 어려움이 많습니다. 그렇다면 나무를 심는 것과 같은 효과를 내는 일은 없을까요? 나무로 만드는 종이류의 사용을 줄이는 실천으로 새로운 식목일 활동을 함께할 수 있답니다.

학습 목표 ───

• 식목일의 의미와 필요성을 알 수 있다.

• 나무를 위해 내가 할 수 있는 일을 떠올려 실천할 수 있다.

관련 성취기준 ───

• **[2슬02-04]** 봄에 씨앗이나 모종을 심어 기르면서 식물이 자라는 모습을 관찰한다.
• **[2바08-02]** 생명을 존중하며 동식물을 보호한다.
• **[4도04-01]** 생명의 소중함을 이해하고 인간 생명과 환경 문제에 관심을 가지며 인간 생명과 자연을 보호하려는 태도를 가진다.
• **[6실04-01]** 가꾸기와 기르기의 의미를 이해하고 동식물 자원의 중요성을 설명한다.

수업의 흐름 ───

활동 순서	활동 안내	자료 및 참고 사항
도입 (5분)	• 울진, 삼척 산불 관련 동영상 뉴스 시청	• 동영상
전개 (25분)	• 산불로 인한 피해 알아보기 • 나무가 하는 일 알아보기 • 식목일의 의미 알아보기 • 내가 심고 싶은 나무 그리기 • '종이 안 쓰는 날'에 대해 알아보기	• 동영상, 활동지

정리 (10분)	• 나무를 위해 내가 할 수 있는 일(종이를 아낄 수 있는 방법) 정해 보고 실천하기 • 식목일 실천 활동 안내하기	• 활동지, 손수건

평가 계획

상	나무가 하는 일을 찾을 수 있으며, 식목일의 의미를 이해하고 종이를 아낄 수 있는 방법을 떠올려 적극적으로 실천한다.
중	자료를 보고 나무가 하는 일을 찾을 수 있으나, 식목일의 의미를 이해하고 종이를 아낄 수 있는 방법을 스스로 찾는 데 도움이 필요하다.
하	자료를 보며 나무가 하는 일과 식목일의 의미를 찾기에 어려움이 있고, 종이를 아낄 수 있는 방법을 스스로 떠올리지 못한다.

활동 순서와 방법

도입 활동

1 동기 유발을 위해 울진, 삼척 산불 관련 동영상을 함께 시청한다.

2 산불로 인해 어떤 부분이 위험했는지, 어떤 모습이 변화했는지 함께 이야기한다.

3 학습 목표를 안내한다.

전개 활동 1

1 산불로 인한 피해를 알아보고, 산불이 나면 어떤 일들이 생길지 자유롭게 발표한다.

2 나무가 하는 일을 다각도로 생각해 보고 자유롭게 발표한다.

🍂 Tip

▶ 정확한 인과관계에 따른 과학적, 현상적 설명보다는 학생들 수준에서 예상할 수 있는 산불의 위험성에 대해 함께 이야기 나누는 것에 의의를 두는 것이 좋아요. 예를 들어, 숲이 불타서 나무와 동물이 피해를 입는 것 외에 주택 소실, 농작물 피해, 화재로 인한 탄소 배출, 폐기물 발생 등에 대해서도 짚어보도록 해요.

▶ 나무가 사람을 위해서 먹거리와 종이, 가구 등 자원을 제공해 주는 것뿐만 아니라, 온실가스인 이산화탄소를 흡수하고, 물을 저장하여 산사태를 예방하며, 동물에게 먹이와 보금자리를 제공하는 안식처가 됨을 알 수 있도록 해요.

전개 활동 2

1 식목일 계기 교육 영상을 시청하고, 식목일의 의미를 알아본다.

2 내가 심고 싶은 나무를 그려본다.

🍂 Tip

▶ 기후 변화로 인해 지금은 1946년 식목일 제정 당시보다 평균 기온이 3℃ 이상 상승했다고 해요. 온도가 1℃ 상승할 때 나무의 잎이 피는 시기가 5~7일 정도 앞당겨지는 점을 고려해 식목일 날짜를 변경해야 한다는 이야기도 있음을 언급해 주세요.

▶ 그리기 활동 대신 '씨앗 폭탄 던지기(50쪽 참고), 커피박 화분 만들기(26쪽 참고)' 등으로 진행할 수도 있어요.

전개 활동 3

1 영상을 통해 '종이 안 쓰는 날'에 대해 알아본다.

2 종이를 아끼는 방법에 대해 생각해 본 뒤 영상을 시청하고 각자의 의견을 활동지에 정리한다.

🍀 Tip

▶ 학생들의 의견을 먼저 들은 뒤 영상을 시청함으로써 점진적으로 생각을 보완할 수 있도록 해요.

정리 활동

1 종이를 아끼는 방법 중 3가지를 골라 자신만의 실천표를 작성한다.

2 나무 심기 대신 우리가 생활에서 실천할 수 있는 일에 대해 각자 생각해 본 뒤 발표한다.

3 손수건을 나눠 주고 화장지 대신 사용할 수 있는 여러 활용 방법을 안내한다.

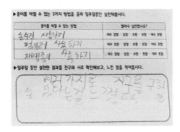 

4 '바다 식목일'에 대한 동영상을 시청하고 의미를 알아 본다.

🌱 **Tip**

▶ 종이를 아끼는 3가지 방법을 짝에게 이야기하며 실천 의지를 다지고, 일주일 뒤 실천표를 짝과 함께 점검하면서 활동 소감을 나누도록 해도 좋아요.

수업 후기 ———

• 영상 자료를 활용한 간단한 식목일 계기 교육으로 진행하여 가볍게 식목일에 대한 이해를 도왔으나 활동성이 부족한 수업이라는 생각이 들었습니다. 이에 커피를 추출하고 남은 찌꺼기인 커피박을 재활용한 커피점토공예 활동과 커피박 화분 만들기 활동을 추가로 진행하여 수업에 활동성을 부여하였습니다.

• 수업 정리 단계에서 나누어 준 손수건은 화장실이나 교실에서 쉽게 쓰는 화장지 대신 여러 번 사용할 수 있음을 안내했습니다. 나무를 심는 것만큼이나 우리가 아껴 쓰는 것 또한 중요하다는 방향으로 수업을 마무리하여 자연스럽게 종이 외에 나무가 사용되는 펄프까지 개념을 확장할 수 있도록 하였습니다.

• 수업 후에는 실제로 손수건을 화장실에 들고 다니며 화장지 사용을 줄이는 아이들의 모습을 볼 수 있었습니다. 다만 사전에 손수건 제작을 미리 해야 한다는 단점이 있어, 학급의 상황에 따라 손수건 외에 각 학급의 특색을 살릴 수 있는 식목일 연계 활동으로 수업을 구성해도 좋을 것 같습니다.

🌱 알아두면 좋아요! _ 바다 식목일

'바다 식목일'은 바닷속 생태계의 중요성과 바다 환경 황폐화의 심각성을 널리 알리고 바다숲을 조성할 수 있도록 지정한 기념일이에요. 바다숲은 바닷속에 해조류가 모여 자라나는 곳을 말하는데, 이 바다숲은 1,000만 종 이상의 생물과 바다 생물의 70%가 태어나고 살아가는 바다 생물의 집이라고 할 수 있어요. 또한 바다 생물들의 먹이가 되기도 하죠.

땅 위의 나무처럼 바다숲도 이산화탄소를 흡수하고 지구 산소의 70%를 생산하고 있다는 사실을 알고 있나요? 하지만 지구 온난화의 영향으로 해수 온도가 상승하고 이로 인한 바다 사막화와 사람들의 생활 속에서 배출된 오염 물질이 바다에 쌓여 나타난 백화현상 등으로 바다숲도 생존의 위협을 받고 있어요. 그래서 바다숲을 지키기 위해 우리나라에서는 매년 5월 10일을 바다 식목일로 정하고 우리 바다에 해조류를 심어 인공숲도 조성하고 있답니다.

🌳 알아두면 좋아요! _ 종이 안 쓰는 날

4월 4일 종이 안 쓰는 날은 2002년 녹색연합에서 온 국민이 하루에 종이를 한 장씩 안 쓰면 나무 4,500그루를 살릴 수 있다고 제안한 것에서 유래했어요. 종이를 만들기 위해 쓰이는 나무의 양은 한 해 벌목되는 나무의 약 42%라고 합니다. 식목일에 나무를 심는 것 대신 종이 사용을 줄인다면 같은 효과를 얻을 수 있지 않을까요?

03
환경을 생각하는 학급 규칙 세우기

👧 **대상 학년** 전학년　　🕰 **소요 시간** 40분

우리가 살고 있는 지구는 우리만의 것이 아니에요. 그런데 우리가 편리하게 살기 위해 노력해 온 많은 일들이 지구와 지구에 살고 있는 다른 생명들에게 점차 위협이 되고 있어요.

1년 동안 우리 반 친구들과 함께 지구를 위해 지킬 수 있는 일을 정하여 꾸준히 실천해 보면 어떨까요? 우리 반에서 시작된 작은 습관과 행동이 모이고 모이면 급변하고 있는 기후 위기와 지구 환경을 살릴 수 있어요.

학습 목표 ────

• 나의 행동을 돌아보고 내가 지구를 위해 할 수 있는 일을 찾을 수 있다.
• 우리 반이 함께 지켜나갈 환경 규칙을 정하고 실천 의지를 다진다.

교과 성취기준

- **[2바01-01]** 학교생활에 필요한 규칙과 약속을 정해서 지킨다.
- **[4국01-02]** 회의에서 의견을 적극적으로 교환한다.
- **[6국01-02]** 의견을 제시하고 함께 조정하며 토의한다.
- **[6사01-04]** 우리나라 자연재해의 종류 및 대책을 탐색하고, 그와 관련된 생활 안전 수칙을 실천하는 태도를 지닌다.
- **[4도04-01]** 생명의 소중함을 이해하고 인간 생명과 환경 문제에 관심을 가지며 인간 생명과 자연을 보호하려는 태도를 가진다.

수업의 흐름

활동 순서	활동 안내	자료 및 참고 사항
도입 (5분)	• 평소 내가 하고 있는 행동 돌아보기	• PPT
전개 (30분)	• '환경' 하면 떠오르는 단어 이야기하기 • 지금 세계 곳곳에서 일어나고 있는 일들 알아보기 • 나와 환경의 관계성 알아보기 • 1년 동안 우리가 학교에서 지킬 수 있는 환경 규칙 모둠별로 토의해 보기 • 학급 규칙 정하기 • 학급 규칙 안내판 꾸미기	• 포스트잇, 환경 위기 관련 기사나 사진 자료, 동영상, 폐종이박스, 매직이나 사인펜
정리 (5분)	• 학급 규칙 안내판 완성하여 함께 실천 의지 다지기	• 연결고리 링

평가 계획

상	나와 환경의 관계를 이해하여 내가 환경을 위해 지킬 수 있는 일들을 찾을 수 있고, 모둠원과 적극적으로 토의하며 학급 환경 규칙 안내판을 완성한다.
중	내가 환경을 위해 지킬 수 있는 일들을 찾아 모둠원과 토의하며 도움을 받아 학급 환경 규칙 안내판을 완성한다.
하	나와 환경의 관계를 이해하기 어렵고, 내가 환경을 위해 지킬 수 있는 일들을 찾아 모둠원과 토의하며 학급 환경 규칙 안내판을 완성하기 힘들어한다.

활동 순서와 방법

도입 활동

1 평소 내가 하고 있는 행동을 A vs B로 골라보도록 한다. 예를 들어 학용품 분실, 공책 사용, 이면지 사용, 화장실 휴지 사용, 급식 잔반 관련, 분리배출 방법 등에 대한 간단한 선택형 문제를 PPT로 제시하여 선택할 수 있도록 한다.

2 학습 목표를 안내한다.

🌱 **Tip**

▶ 학생들이 되고 싶은 모습이 아니라 평소 하고 있는 행동을 고를 수 있도록 유도하고, 정답을 찾는 활동이 아니므로 솔직하게 고를 수 있는 허용적인 분위기에서 수업하도록 해요.

전개 활동 1

1 '환경' 하면 떠오르는 것들을 이야기하고, 자유롭게 포스트잇에 적는다.

2 포스트잇을 칠판에 붙이고 다른 친구들의 의견도 확인해 본다.

🌱 **Tip**

▶ 환경에 대한 아이들의 다양한 생각을 확인하여 수업의 방향을 수정할 수 있도록 해요.

전개 활동 2

1 세계 곳곳에서 일어나고 있는 환경 위기 사건에 대한 기사와 사진 자료를 살펴본다. 유럽 대홍수, 호주 산불 등 기후 위기 기사의 머릿글만 보여주거나, 플라스틱 쓰레기로 피해를 입은 바다거북, 산불로 죽은 코알라 등의 사진을 보여준다.

2 기사의 제목을 보고 인간뿐만 아니라 지구에 함께 살고 있는 동물들도 피해를 받고 있음을 생각할 수 있도록 한다.

3 지구 환경을 파괴하는 청바지, 팜유, 커피나무, 아보카도, 에어컨, 시멘트 등에 대해 자세히 알아보고, 우리가 입고, 먹고, 소비하고, 누리는 모든 것들이 환경과 연결되어 있음을 깨닫도록 한다.

🌱 **Tip**

▶ 기사를 그대로 활용하기보다는 학년성을 고려하여 편집한 자료를 제시하고 필요한 내용만 안내해요.

전개 활동 3

1 환경을 위해 내가 지킬 수 있는 일에 대해 모둠원들과 토의한다.

2 우리 반 학급 환경 규칙을 최종적으로 정리한다.

3 폐종이박스를 활용해 모둠별로 학급 규칙 안내판을 꾸민다.

✋ **Tip**

▶ 고학년이라면 학급 환경 규칙 정하기를 학기 초 학급 회의 주제로 활용해도 좋아요.

정리 활동

1 모둠별로 완성한 학급 환경 규칙 안내판을 하나로 모아 합친다.
2 다 함께 크게 읽어보며 학급 환경 규칙 실천 의지를 다지고 교실 내 잘 보이는 곳에 게시한다.

수업 진행 팁 ─────

집에서 사용하지 않고 버리는 종이나 박스 등을 가져오게 하여 적당한 크기로 자른 뒤 교실에 보관해 두세요. 홍보물 만들기, 팻말 만들기 등 두꺼운 종이나 하드보드지 등을 활용한 교실 수업 때 활용하면 재사용이 가능합니다. 깨끗한 종이에 꾸며서 1년 동안 게시하는 것도 좋 시반 종이를 재활용하는 것부터 완성을 생각하여 모두가 힘을 모은나면 더 의미있는 활동이 될 수 있어요.

수업 후기 ————

• 환경 교육 수업의 첫 시간에 무작정 이 수업을 진행하면 학생들이 지킬 수 있는 일들을 찾아내기가 어려울 수도 있어요. 그래서 저는 학교에서 아이들이 직접 환경을 위해 노력한 일을 다룬《쓰레기 제로 대작전》이라는 그림책 수업을 먼저 진행한 뒤에 환경 규칙 세우기 수업을 했습니다.

• 어린 2학년 아이들이었지만, 직접 고사리손으로 해볼 수 있는 일들을 떠올리는 모습에 뿌듯함을 느꼈던 수업이었습니다. 저학년이어서 모둠별 토의를 거친 후 학급 규칙을 정리하는 것은 교사의 도움으로 완성하였으나, 고학년이라면 학급 회의 안건으로 상정해서 완전한 학생 자치로 꾸려나가면 더욱 의미가 있을 것 같습니다.

• 코로나로 인해 학교에 일회용 물병을 가져오던 아이들이 많았는데, 점차 개인 물병을 챙기는 아이들이 많아졌습니다. 쉬는 시간에 그림을 그리기 위해 선생님에게 종이를 달라고 하는 아이들을 위해 이면지를 모아두었다가 나누어 주었을 때에도 '새 종이'가 아니라는 것에 대하여 불편하게 생각하지 않는 아이들도 늘어났습니다. 또한 새 학기 일기장과 알림장을 새것으로 가져오지 않아도 된다는 학기 초 학급 안내문에 따라 물건 이어쓰기를 하는 아이들이 많아 뿌듯했답니다.

04
쓰레기를 버리는 올바른 방법

👩 **대상 학년** 5~6학년　　🏯 **소요 시간** 40분

음식, 물건 등 우리 생활에 필요한 많은 것들이 만들어지고 사용되면서 쓰레기 또한 늘어나고 있어요. 종류에 따라 제대로 분리하여 배출한다면 또 다른 물건이 되어 우리에게 돌아올 수 있는 쓰레기들이 우리의 무관심 속에 뒤죽박죽 섞여서 버려진 뒤, 땅에 묻히거나 태워지고 있지요. 이로 인한 토양, 수질, 해양에서의 환경 오염은 지속적으로 이어지고 있으며, 쓰레기를 처리하기 위한 경제적, 사회적 손실 비용도 커지고 있습니다. 환경을 위한 개개인의 작은 실천이 꼭 필요한 때랍니다.

학습 목표 ───

• 다양한 종류의 쓰레기를 바르게 분리배출하는 방법을 알아보고 생활 속에서 실천하는 방법을 익힌다.

교과 성취기준

- **[6국01-04]** 자료를 정리하여 말할 내용을 체계적으로 구성한다.
- **[6도04-02]** 올바르게 산다는 것의 의미와 중요성을 알고, 자기반성과 마음 다스리기를 통해 올바르게 살아가기 위한 능력과 실천 의지를 기른다.

수업의 흐름

활동 순서	활동 안내	자료 및 참고 사항
도입 (5분)	• 우리의 쓰레기 배출이 미치는 영향 살펴보기	• 동영상
전개 (30분)	• 분리배출 모의고사를 통해 나의 분리배출 습관 점검하기 • 분리배출 팩트 체크로 정확한 쓰레기 분리배출 방법 이해하기 • 분리배출 퀴즈를 진행하여 제시된 사진과 설명을 듣고 올바른 분리배출 방법 알아보기	• 활동지, PPT, 모둠 칠판, 보드마카, 화이트보드 지우개 - 쓰레기 처리 방법에 대한 오류를 바로잡고 정확한 처리 방법 인지시키기
정리 (5분)	• 쓰레기 관련 영상 보고 생각 나누기 • 직접 실천하고 인증 사진 공유하기(과제)	• 활동지 - 학급 누리집 등 공유 게시판 활용

평가 계획 ——

상	쓰레기의 종류에 따른 분리배출의 방법을 정확히 알고 바르게 실천한다.
중	다양한 쓰레기의 분리배출하는 방법을 알고 있으나 실천 의지가 약하다.
하	분리배출의 정확한 방법을 이해하지 못하고 실천 의지도 약하다.

활동 순서와 방법 ——

도입 활동

1 플라스틱 쓰레기 관련 동영상을 함께 보고, 우리가 버린 쓰레기가 거대한 재난이 될 수 있음을 이해한다.

2 학습 목표를 안내한다.

♥ Tip

▶ '분리배출'이라는 말은 활동 과정에서 알게 되는 용어이므로 이전까지는 '쓰레기를 올바르게 처리하는 방법'으로 안내해 주세요.

전개 활동

1 쓰레기의 다양한 분리배출 방법에 대한 개인 점검 활동지인 '분리 배출 모의고사'를 작성한다.

2 활동지의 정답을 함께 확인하고, 분리배출의 핵심 4가지 및 올바른 분리배출과 쓰레기 처리 방법 등에 관해 이해한다.

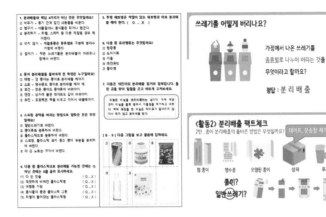

3 분리배출 퀴즈를 진행한다. PPT에 제시된 사진과 설명을 듣고 각 상황에 맞는 분리배출 방법을 모둠 내에서 협의하여 모둠 칠판에 기록한다. 모둠의 답안에 핵심 키워드가 있을 경우 정답으로 인정되어 점수를 얻는다.

🍁 **Tip**

▶ 분리배출 모의고사는 개인의 이해 정도를 알고자 하는 활동이므로 친구들과 협의하여 해결하지 않도록 해요.

▶ 모둠 칠판에 적는 핵심 키워드는 분리배출의 원칙에 해당하는 용어들로, 반복 학습을 통해 학생들이 자연스럽게 기억할 수 있게 해요.

정리 활동

1 분리배출을 제대로 하지 않았을 때 나타나는 현실을 영상으로 확인한다.

2 분리배출에 대한 자신의 생각, 활동을 마무리하며 느낀 점 등을 활동지에 기록한다.

3 분리배출을 올바르게 실천하는 인증 사진을 학급 누리집에 공유하도록 과제를 낸다.

수업 후기

• 환경 오염에 대해서 학생들과 이야기할 때 우리 생활 가까이 있으면서도 의외로 놓치기 쉬운 것이 '쓰레기 제대로 버리기'였습니다. 많은 학생과 학부모, 심지어 교사들도 쓰레기 처리의 4원칙을 모르고 있었고, 혼합 재료의 쓰레기 배출 문제에 대해서도 별다른 고민 없이 종량제 봉투 또는 재활용 수집함에 버리고 있었죠. 쓰레기의 올바른 분리배출은 우리가 환경을 위해 할 수 있는 최소한이자 최선의 방법이라는 것을 이 수업을 통해 알리고 싶었습니다.

• 수업을 진행하면서 분리배출을 하다 보니 '이런 쓸데없는 걸 왜 만들었지? 그냥 쓰레기일 뿐인데.'라는 생각을 했다는 학생들의 말을 들으며 결국 제로웨이스트는 생산과 소비가 덜 이루어지는 것(미니멀리즘)과 연결된다는 것을 느낄 수 있었습니다. 또한 수업 후 과제로 제시한 분리배출 실천 인증 사진을 공유하면서 이 시간이 정말로 의미 있고, 현실적인 문제를 확인하고 해결하는 과정이었음을 깨닫게 되었습니다.

🌳 알아두면 좋아요! _ 자원 순환의 날

자원 절약과 재활용, 폐자원의 에너지화 등을 범국민적으로 알리고 자원순환을 통한 녹색생활 실천 운동의 계기를 마련하기 위해 매년 9월 6일을 '자원 순환의 날'로 지정했어요. '폐기물도 소중한 자원'이라는 인식을 널리 알리고 생활 속 자원 순환 실천의 중요성과 의미를 생각하며 공감대를 넓히는 것을 목표로 2009년 처음 지정되었지요. 나만의 자원 순환 물품 갖기 공모전 등 다양한 행사에 함께 참여해 보는 건 어떨까요?

05
학교 식물도감 만들기

👦 **대상 학년** 전학년 🏫 **소요 시간** 80분

인간은 누구나 주변 환경과 관계를 맺고 살아갑니다. 하지만 주변 환경을 자세히 들여다보지 않으면 그 관계의 중요성을 인식하기가 쉽지 않지요. 학생들에게 그동안 무심코 지나쳤던 식물과 관계를 맺고, 가까이서 오랫동안 들여다볼 수 있는 기회를 만들어주세요. 식물과의 관계 맺기 경험을 통해 학생들은 더 이상 자신이 자연과 동떨어진 존재가 아닌, 자연 속의 존재라는 사실을 깨달을 수 있어요.

학습 목표 ───

- 학교에 있는 다양한 식물의 종류를 탐구, 관찰하여 생김새와 특징을 설명할 수 있다.
- 주변의 식물과 관계를 맺고 그들을 대하는 태도의 변화를 다짐한다.

교과 성취기준

- **[2바02-02]** 봄에 볼 수 있는 동식물을 소중히 여기고 보살핀다.
- **[2슬02-03]** 봄이 되어 볼 수 있는 다양한 동식물을 찾아본다.
- **[4도04-01]** 생명의 소중함을 이해하고 인간 생명과 환경 문제에 관심을 가지며 인간 생명과 자연을 보호하려는 태도를 가진다.
- **[4과05-01]** 여러 가지 식물을 관찰하여 특징에 따라 식물을 분류할 수 있다.
- **[4미02-05]** 조형 요소(점, 선, 면, 형·형태, 색, 질감, 양감 등)의 특징을 탐색하고, 표현 의도에 적합하게 적용할 수 있다.
- **[6과12-02]** 식물의 전체적인 구조 관찰과 실험을 통해 뿌리, 줄기, 잎, 꽃의 구조와 기능을 설명할 수 있다.

수업의 흐름

활동 순서	활동 안내	자료 및 참고 사항
도입 (15분)	• 학교 안에 숨겨져 있는 식물 이름 맞히기 • 식물의 테두리 모양을 보고 식물 이름 맞히기	• 학교 안의 다양한 식물 사진
전개 1 (25분)	• 학교 주변의 다양한 식물 찾아보기 • 자신만의 식물 정하기 • 다양한 각도에서 식물 사진 촬영하기	• 학생 개인 핸드폰 – 식물을 식별할 수 있는 검색 엔진 사용법 안내
전개 2 (30분)	• 식물 세밀화 그리기	• 활동지, 종이 거치대, 채색 도구
정리 (10분)	• 자신이 완성한 식물도감 공유하기 • 학교 식물도감 완성하기	– 학생이 완성한 식물도감을 모아 하나의 책자로 편집하여 학급에 비치

평가 계획 ———

상	학교에 있는 다양한 식물과 관계를 맺고 종류를 탐구하여 생김새와 특징을 설명할 수 있다.
중	학교에 있는 다양한 식물과 관계를 맺고 종류를 탐구하지만, 생김새와 특징을 설명하는 데 어려움을 느낀다.
하	학교에 있는 다양한 식물과 관계를 맺고 종류를 탐구하지 못하며, 생김새와 특징을 설명하는 데 어려움을 느낀다.

활동 순서와 방법 ———

도입 활동

1 교사가 먼저 학교에 있는 다양한 식물을 사전 조사한다. 사전 조사한 내용을 바탕으로 학생들은 식물의 이름을 유추해 본다.

2 교사는 다양한 식물의 사진을 제시하며 식물의 생김새를 자세한 특징으로 설명할 수 있도록 발문을 준비한다. 이 발문은 학생이 자신이 만들 식물도감을 그리고, 특징을 찾을 때 유의해서 살펴볼 기준이 될 수 있다.

🍂 Tip

▶ 학교에 있는 식물의 테두리 부분만 그림으로 제시하여 맞히는 퀴즈 활동을 진행할 수 있어요.

전개 활동 1

1 학생들이 직접 학교 안의 다양한 식 물을 찾아본다. 교사는 식물에 대한 특징을 설명할 수 있도록 미리 준비 를 해둔다. 학급별로 동시에 교정을 한 바퀴 돌며 진행할 수 있다.

2 학생들은 학교 안의 다양한 식물 가 운데 자신이 관찰하고 싶은 식물 하 나를 고른다.

3 해당 식물을 다양한 각도에서, 부분을 크게 확대하여 사진을 찍을 수 있도록 안내한다.

🌱 Tip

▶ 학생들의 선호도가 너무 몰릴 것이 걱정된다면, 교사가 식물을 소개하며 임의로 2~3명이 하나 의 식물을 관찰하도록 안내할 수 있어요.

▶ 야외 관찰 활동 전에 식물 외형을 자동 인식하여 검색할 수 있는 검색 엔진 사용법을 안내하면 좋아요.

전개 활동 2

1 자신이 조사하는 식물의 특징을 살려 활동지에 세밀하게 그린다. 채색 시 자신이 발견한 식물을 관찰한 대로 표현한다.

2 관찰한 결과 발견한 식물의 특징을 자신만의 언어로 표현하여 특 징을 서술한다(학술적이거나 과학적으로 표현하는 것도 좋지만 생활 언 어로 친숙하게 설명하는 것을 허용한다).

3 해당 식물이 위치한 교내 장소를 구체적으로 적을 수 있도록 하여 학교 식물도감으로서의 활용도를 높인다.

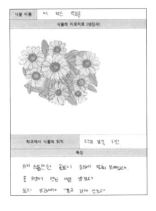 

♥ Tip
▶ 고학년이라면 식물의 구조적 명칭을 활용하여 특징을 적을 수 있도록 해요.

정리 활동

1 자신이 완성한 식물도감을 발표하고 친구들과 함께 감상하며 공유한다.

2 학생들의 작품을 모아 학교 식물도감을 완성한다.

♥ Tip
▶ 학생들이 제작한 식물도감을 책자 형태로 만들어 다른 학급에도 배부하면 많은 학생들이 활용할 수 있어요.

수업 후기 ————

학교 교정을 돌며 학교에 있는 식물들을 발견하는 것으로 이 수업이 시작되었습니다. 아이들은 교정에 있는 식물에 관한 설명을 듣고 자신이 마음에 드는 식물을 선택하여 이를 다양한 각도로 관찰해 보았습니다. 이를 통해 사랑하는 마음과 자연을 소중히 대하는 태도를 훌쩍 키울 수 있었습니다. 세밀하게 식물을 그리고 특징을 알아가는 과정을 통해 아이들은 주변에 있는 식물을 지나침이 아닌 멈춤이라는 관심으로 관계 맺는 방법을 알게 되었습니다. 더불어 실제로 만들어진 식물도감을 다른 학급과 다른 학교 공동체에 직접 선물하며 자신이 만든 결과물에 대해 큰 뿌듯함을 느꼈습니다.

06
생명을 살리는 씨앗 폭탄

👤 **대상 학년** 1~2학년   🪴 **소요 시간** 40분

생명을 살리는 아름다운 폭탄이 있습니다. 바로 씨앗이 담긴 '씨앗 폭탄'입니다. 씨앗 폭탄을 도심 구석의 버려진 땅이나 비어 있는 화단 등에 던지면 이내 꽃이 피어나 도시를 아름답게 만들고 여러 생명들을 불러모읍니다. 생명을 살리는 폭탄이라니 얼마나 아름다운가요? 아이들과 씨앗 폭탄을 만들고 던지면서 그 아름다움을 함께 느껴보세요.

학습 목표 ────

- 씨앗 폭탄의 의미를 알고 씨앗 폭탄이 도시 환경에 어떤 영향을 주는지 설명할 수 있다.
- 씨앗 폭탄을 만드는 방법을 알고 씨앗 폭탄을 만들 수 있다.

교과 성취기준

- **[2슬02-04]** 봄에 씨앗이나 모종을 심어 기르면서 식물이 자라는 모습을 관찰한다.
- **[2바05-02]** 동네를 위해 할 수 있는 일을 찾아 실천하면서 일의 소중함을 안다.

수업의 흐름

활동 순서	활동 안내	자료 및 참고 사항
도입 (5분)	• 씨앗 폭탄의 의미와 역할 알아보기	
전개 (25분)	• 준비물과 만드는 방법 알아보기 • 모둠별로 씨앗 폭탄 만들기	• PPT, 흙, 커피박, 씨앗, 모종삽, 수조, 물
정리 (10분)	• 던져진 씨앗 폭탄은 어떻게 될까? • 씨앗 폭탄 던질 날짜와 장소 정하기	• 동영상

평가 계획

상	씨앗 폭탄의 의미와 도시 환경에 끼치는 영향을 알고 씨앗 폭탄을 만드는 방법에 따라 씨앗 폭탄을 만든다.
중	씨앗 폭탄의 의미와 도시 환경에 끼치는 영향을 이해하기 어려우나 씨앗 폭탄을 만드는 방법에 따라 씨앗 폭탄을 만든다.

하	씨앗 폭탄에 대한 전반적인 이해가 어렵고 씨앗 폭탄을 만드는 방법에 따라 만들지 못한다.

활동 순서와 방법 ——

도입 활동

1 생명을 없애는 폭탄과 달리, 꽃을 피우고 생명을 살리는 폭탄이 있음을 알려주고 그것이 무엇일지 학생들과 이야기 나눈다.

2 '씨앗 폭탄'을 소개하고, 씨앗 폭탄이 하는 역할을 알려준다.

❤ Tip

▶ 씨앗 폭탄이란 동그랗게 빚은 흙 안에 씨앗을 넣은 것으로 '씨앗공', '씨드밤'이라고도 불러요. 버려진 자투리 땅이나 삭막한 공간을 꽃으로 채워 도시를 아름답게 만들고 위기에 처한 벌을 보호하며 토양을 더 건강하게 만들어준답니다.

전개 활동 1

1 씨앗 폭탄을 만드는 데 필요한 준비물을 소개한다.

- 흙 : 야외에서 퍼온 흙 안에는 우리가 모르는 나쁜 균이나 해충이 들어 있을 수 있으므로 가급적 시중에서 판매하는 흙을 사용한다.

- 커피박 : 커피 찌꺼기로, 비료 대신 사용 가능하며 생략할 수 있다.

- 꽃 씨앗 : 봄, 여름에 개화하는 야생화 씨앗을 준비한다. 봄과 가을에 번갈아 필 수 있게 봄, 가을에 개화하는 씨앗을 준비해도 좋다.

- 모종삽, 수조, 물 : 흙을 반죽할 때 사용한다.

2 씨앗 폭탄 만드는 방법을 안내한다.

① 흙과 커피박을 2:1 정도의 비율로 잘 섞는다.

② 물을 조금씩 넣어가며 걸쭉하게 반죽한다.

③ 흙 반죽을 동그랗게 빚고 흙 안에 씨앗을 넣는다.

④ 2~3일간 햇볕에 잘 말린다.

⑤ 완성된 씨앗 폭탄을 근처 공터나 화단 등에 던진다.

🌺 Tip

▶ 맨손으로 흙을 만지기 싫어하는 학생이 있을 수 있으나 흙을 맨손으로 만져보는 기회가 흔치 않은 만큼 이번 기회에 만져볼 수 있도록 권해요. 비닐장갑을 사용하면 쓰레기가 발생할 수 있다는 점도 안내해 주세요. 단, 감각적으로 예민하거나 알레르기로 인해 접촉을 피해야 하는 학생에게는 장갑을 제공해요.

전개 활동 2

1 3~4명씩 모둠을 만든다.

2 씨앗 폭탄 만들기에 필요한 준비물을 확인하고 씨앗 폭탄을 만든다.

🌺 Tip

▶ 씨앗 폭탄을 만들 때는 책상보다 교실 바닥에서 만드는 것이 좋아요. 여러 명이 모여서 함께 만들어야 하는데 책상에서 모이면 흙을 만지고 뭉치기에 불편하고, 흙이 담긴 수조의 높이 때문에 손을 넣기도 힘들어요. 뒷정리할 때도 바닥을 정리하는 편이 훨씬 편하답니다.

정리 활동

1 씨앗 폭탄을 던지고 나면 씨앗 폭탄이 어떻게 될지 함께 이야기 나눈다.

2 씨앗 폭탄에서 싹이 트는 과정을 담은 영상을 함께 시 청한다.

3 만든 씨앗 폭탄을 2~3일 정도 말린 후에 던져야 하므 로 던질 날짜를 정하고, 씨앗 폭탄을 던질 만한 장소를 학생들이 찾아보도록 한다.

❤ Tip

▶ 씨앗 폭탄을 던지고 난 후에는 자신이 던진 씨앗 폭탄에서 싹이 텄는지, 꽃이 피었는지 확인해 보도록 해서 지속적인 관심을 가질 수 있도록 해요.

수업 후기 ———

학생들이 직접 만들어보는 활동이라 학생들의 흥미와 참여도가 높은 수업이었습니다. 다만 맨손으로 흙을 만지고 싶어하지 않는 학생들이 있어서 사전에 그 의미를 충분히 전달하는 것이 필요했습니다. 씨앗 폭탄에 아이들의 관심이 계속 이어질까 궁금했는데 종종 가서 싹이 텄는지 확인하는 학생들의 모습을 볼 수 있었습니다. 싹이 나고 꽃이 피는 일련의 과정을 관찰일지, 기록, 스케치 등으로 남겨 지속적으로 관심을 가질 수 있도록 후속 활동을 구성해 보는 것도 좋을 것 같습니다.

🌳 알아두면 좋아요! _ 게릴라 가드닝

쓰레기로 뒤덮인 삭막한 도시가 아니라 곳곳에 꽃과 식물이 자라는 도시를 만들고자 1973년 뉴욕에서 시작된 도시 재생 운동입니다. 공터, 아파트 화단, 가로수 등 도심 곳곳의 버려진 땅이나 자투리땅에 꽃과 식물을 심는 '게릴라 가드닝'은 도시를 아름답게 만들고 여러 생명을 불러 모읍니다. 씨앗 폭탄은 게릴라 가드닝의 한 방법입니다.

07
친환경 피충제 만들기

👦 **대상 학년** 4~6학년   🏯 **소요 시간** 80분

학생들과 교실에서 생활하다 보면 종종 곤충과 만나는 상황이 생기곤 합니다. 학생들은 곤충을 보자마자 죽여야 한다고 말하기도 하지요. 그때마다 곤충을 어떻게 대해야 할지 교사로서 고민이 큽니다. 곤충을 무조건 싫어하게 된 태도는 어디서 시작되었을까요? 자연스럽게 곤충에 관한 이야기를 나누며, 그들과 건강한 거리를 유지하는 방법을 알아보도록 해요.

학습 목표 ────

- 곤충을 대하는 자신의 태도를 되돌아보고 곤충에 대한 선입견이 생긴 이유를 설명할 수 있다.
- 곤충과 건강한 거리를 유지하며, 텃밭 및 식물을 지키는 공존의 감각을 느낄 수 있다.

교과 성취기준

- **[4도04-01]** 생명의 소중함을 이해하고 인간 생명과 환경 문제에 관심을 가지며 인간 생명과 자연을 보호하려는 태도를 가진다.
- **[6실04-03]** 생활 속 동물을 활용 목적에 따라 분류하고, 돌보고 기르는 과정을 실행한다.
- **[6실04-01]** 가꾸기와 기르기의 의미를 이해하고 동식물 자원의 중요성을 설명한다.
- **[4과05-01]** 여러 가지 식물을 관찰하여 특징에 따라 식물을 분류할 수 있다.

수업의 흐름

활동 순서	활동 안내	자료 및 참고 사항
도입 (10분)	• 곤충에 대해 가지고 있는 나의 감정과 느낌 나누기 • 곤충의 관점에서 사람들의 행동 생각하기	• 활동지
전개 1 (30분)	• 곤충을 대하는 나의 태도가 생긴 이유 알아보기 • 곤충의 입장이 되어 즉흥 역할극 해보기	• 활동지 - 인물과 상황을 구체적으로 설정하여 제시
전개 2 (30분)	• 피충제의 의미와 필요성 이해하기 • 피충제 만드는 방법 숙지하기 • 피충제 만들기	• 피충제 제작 재료 - 천연 재료를 활용하며, 사용 재료의 특성에 맞는 안전 수칙을 준수
정리 (10분)	• 수업을 통해 변화한 점 발표하고 공유하기 • 피충제 사용해 보기	- 완성한 피충제는 학급이나 가정에서 활용

평가 계획

상	평소 곤충을 대하는 자신의 태도를 돌아볼 수 있으며 곤충과 건강한 거리를 유지하는 것의 필요성을 느끼고 다른 생물종과 공존하는 태도를 갖는다.
중	평소 곤충을 대하는 자신의 태도를 돌아볼 수 있으나 곤충과 건강한 거리를 유지하는 것의 필요성을 느끼고 다른 생물종과 공존하는 태도를 기르지 못한다.
하	평소 곤충을 대하는 자신의 태도를 돌아보지 못하며, 곤충과 건강한 거리를 유지하는 것의 필요성을 느끼고 다른 생물종과 공존하는 태도를 기르지 못한다.

활동 순서와 방법

도입 활동

1 평상시 곤충에 대해 어떤 감정과 느낌을 갖고 있는지 학생들과 자연스럽게 이야기 나눈다.

2 곤충이 되어 사람들의 행동이 어떻게 느껴질 것 같은지 입장을 바꿔 생각해 보고 그 상황에서 떠오르는 감정을 활동지에 정리한다.

> **이런 말이 있어요?**
>
> 급식충 진지충 등 세대 갈등 유발하는 혐오 표현 일상화됐다
>
> **[혐오 리포트] 충(蟲)이 넘쳐나는 사회**
>
> '진지충' '설명충' 표현도 학교폭력에 해당
>
> "조연해주면 진지충" 일상으로 파고든 'OO충', 이대로 괜찮나
>
> **설명충·진지충·맘충 우린 어쩌다 모두 벌레가 되었나?**

🔻 Tip

▶ 학생마다 경험이 다르므로 곤충에 대해 느끼는 감정이 다를 수 있어요. 다양한 학생의 경험을 공유하며 곤충에 대한 관점이 고정되지 않도록 해요.

▶ 학생이 곤충에 대해 극단적으로 부정적인 관점을 가지고 있는 경우에는 적당한 질문으로 태도의 이유를 생각해 볼 수 있도록 지도해요.

전개 활동 1

1 곤충을 대하는 태도는 태어나면서 가지고 있는 본능이 아닌, 경험과 학습을 통해 형성된 관념임을 이해할 수 있도록 한다.

2 사회와 미디어가 곤충을 대하는 방식을 비판적으로 살펴보고, 자신의 태도를 성찰해 본다.

3 곤충의 입장이 되어 제시된 상황을 즉흥 역할극으로 진행한다.

◆ Tip

▶ 교사의 추가 발문을 통해 곤충을 대하는 태도가 본능이 아닌 학습이라는 사실을 이해할 수 있도록 하고, 학생의 고정관념에 대해 성찰해 볼 수 있도록 도와요.

▶ 즉흥 역할극을 제시할 때는 인물과 상황을 구체적으로 구성하여 학생들이 즉흥극 대본을 작성할 때 가이드로 활용할 수 있도록 해요.

전개 활동 2

1 곤충과 인간이 어떻게 관계를 맺어야 하는지 생각한다.

2 곤충을 함부로 대하던 학생들도 건강하게 관계를 맺고, 서로의 경계를 존중하는 거리두기를 할 수 있는 방법을 찾는다.

3 피충제를 만들어 우리의 텃밭과 작물을 지키며 동시에 곤충을 해하지 않고 공존하는 방법을 찾는다.

계피 피충제 만들기

- 준비물 : 계피 600g, 에탄올 1L, 망사 주머니
- 만드는 방법 1 : 에탄올에 계피를 담가두고 1~2주 정도 계피의 성분이 우러날 때까지 기다린 뒤 계피를 건져내고 스프레이 통에 옮겨 담아 사용한다.
- 만드는 방법 2 : 물에 계피를 넣고 팔팔 끓여 식힌 뒤 계피를 건져내고 스프레이 통에 옮겨 담아 사용한다.

친환경 살충제 난황유 만들기

- 준비물 : 카놀라유 또는 식용유 50mL, 달걀노른자 1개, 믹서기
- 만드는 방법 : 달걀노른자를 믹서기로 5분 이상 갈고, 준비한 기름을 넣은 뒤 다시 5분 정도 갈아서 유화 과정을 거친다.
- 사용 방법 : 만들어진 난황유는 10~20배의 물로 희석해 스프레이 통에 담아 사용한다. 식물이 아파서 치료하는 경우에는 10배를 희석하고, 아직 곤충의 피해를 받지 않았지만 예방을 목적으로 하는 경우에는 20배를 희석한다.

🍂 Tip

▶ 학생들에게 천연 재료를 활용하여 '피충제 만드는 방법'을 조사하는 사전 활동을 진행할 수 있어요. 이 경우 피충제라는 용어 자체가 일상어가 아니기 때문에 '천연 곤충(벌레) 퇴치제(기피제)'로 검색할 수 있도록 해요.

▶ 피충제를 만드는 과정에서 화기나 날카로운 도구를 다뤄야 하는 경우 활동 전에 반드시 안전사고 예방 교육을 시행해 주세요.

정리 활동

1 수업을 통해 곤충을 대하는 태도의 변화와 소감을 발표한다.

2 완성한 피충제는 교실과 가정에서 실제로 사용한 뒤 활용한 소감을 공유한다.

❤ Tip

▶ 완성한 피충제를 활용한 소감은 누리집에 공유하거나 주제 쓰기 활동으로 운영할 수 있어요.

수업 후기 ————

곤충을 싫어하는 학생들이 곤충에게 하는 말과 행동을 관찰하게 되었습니다. 곤충을 지칭하는 언어는 어느새 타자를 공격하는 혐오의 의미로 변질되더군요. 그 광경을 보며 떠오른 질문은 '우리는 왜 곤충을 싫어하게 되었을까? 우리는 왜 곤충을 자신의 마음대로 대해도 된다고 생각할까?'였습니다.

곤충을 대하는 자신의 태도를 점검하고 학생들이 좀 더 확장된 시각을 갖길 바라는 마음으로 수업을 준비했습니다. 역지사지는 정말 어려운 가치지만, 즉흥 역할극을 통해 곤충의 입장을 이해해 볼 수 있도록 했습니다. 그리고 피충제를 만들면서 나와 다른 존재와 건강한 거리두기를 연습해 볼 수도 있었습니다.

아직도 교실에서 거미가 나오거나 벌이 들어올 때는 모두 목놓아 선생님을 찾지만, 이제는 책을 들어 던지거나 내려치려 하지 않습니다. 곤충에 대한 견고한 선입견을 깨며 오늘도 학생들의 세계는 조금씩 넓어지고 있습니다.

08
세상에서 벌이 사라진다면?

👦 **대상 학년** 1~3학년 📙 **소요 시간** 40분

아이들은 교실에서 아주 작은 벌레만 나와도 흥분해서 소리를 지릅니다. 심지어 그 벌레가 벌이라면 문제는 걷잡을 수 없이 커지죠. 아이들 눈에는 무섭기만 한 벌, 그런데 벌이 세상에서 사라진다면 어떻게 될까요?

물리학자 아인슈타인은 '꿀벌이 멸종하면 인류도 4년 안에 사라진다'고 말했습니다. 꿀벌의 멸종과 인류 사이에 어떤 관계가 있을까요? 그 해답은 생물 다양성에 있습니다. 이 수업은 생물 다양성을 주제로, 어떠한 생물이든 생태계에서 맡은 역할이 있음을 알려줍니다. 학생들이 좋아하는 만화를 통해 평소 중요하지 않다고 생각한 동물들을 새로운 관점으로 살펴보고, 동물들의 이야기로 인터뷰를 진행하고, 돌림책을 만들어 짝꿍과 함께 신나게 퀴즈를 주고받다 보면 생물 다양성을 존중해야 하는 이유를 자연스럽게 깨닫게 될 거예요.

학습 목표

- 평소 중요하지 않다고 생각한 동물의 역할을 이해할 수 있다.
- 모든 생물은 생태계에서의 역할이 있다는 것을 이해하고, 생물 다양성을 존중할 수 있다.

교과 성취기준

- **[2바02-02]** 봄에 볼 수 있는 동식물을 소중히 여기고 보살핀다.
- **[2바08-02]** 생명을 존중하며 동식물을 보호한다.
- **[4도04-01]** 생명의 소중함을 이해하고 인간 생명과 환경 문제에 관심을 가지며 인간 생명과 자연을 보호하려는 태도를 가진다.

수업의 흐름

활동 순서	활동 안내	자료 및 참고 사항
도입 (5분)	• 벌의 소리 듣고 어떤 동물인지 맞히기	• PPT
전개 1 (15분)	• 꿀벌이 생태계에서 하는 역할 알아보기 • 꿀벌 외 평소 중요하지 않다고 생각했던 동물들의 역할 알아보기	• PPT, 동영상, 돌림책 활동지
전개 2 (15분)	• 돌림책 만들기 • 돌림책으로 퀴즈 내고 맞히기	• 돌림책 활동지, 가위, 색연필, 사인펜, 할핀
정리 (5분)	• 기억에 남는 동물 이야기 나누기	

평가 계획 ———

상	평소 중요하지 않다고 생각한 동물의 역할을 알고, 생물 다양성을 존중해야 하는 이 유를 설명할 수 있다.
중	평소 중요하지 않다고 생각한 동물의 역할을 알고, 생물 다양성을 존중해야 함을 이 해할 수 있다.
하	동물마다 생태계에서의 역할이 있음을 알 수 있다.

활동 순서와 방법 ———

도입 활동

1 벌의 소리를 들려주고 어떤 동물인지 맞혀보도록 한다.

2 정답을 공개하고 학생들에게 평소 벌 에 대해 어떻게 생각하는지, 교실에 벌이 들어오면 어떻게 할지 발문한다.

전개 활동 1

1 '꿀벌이 사라지면 인류도 멸종한다'는 말이 사실일지, 꿀벌이 사라지면 인간의 삶은 어떻게 될지 관련 영상 을 시청한다.

2 꿀벌은 무섭기만 한 곤충이 아니라 생태계에서 아주 큰 역할을 도 맡아 하고 있으며 식물과 인간에게 꼭 필요한 존재라는 것을 인식

시킨다.

3 대본(PPT 자료 참고)을 이용해 꿀벌이 되어 인터뷰를 하며 동물들이 하는 역할을 알아본다.

- 지렁이 : 흙 속에 구멍을 만들어 식물의 뿌리에 산소가 잘 통하게 한다.
- 개미 : 죽은 곤충을 먹어 청소하고 씨앗을 옮겨 싹트게 한다.
- 무당벌레 : 진딧물을 먹어 식물이 잘 자랄 수 있도록 도와준다.
- 잠자리 : 모기를 먹어 전염병이 퍼지는 것을 막는다.
- 산호초 : 바닷속 이산화탄소를 흡수하여 산소를 만들고, 물고기의 은신처가 되어준다.
- 꿀벌 : 꽃에서 꽃으로 날아다니며 꽃가루를 옮겨 열매 맺기를 도와준다.

4 돌림책 활동지 2쪽의 빈칸을 채운다.

5 환경부에서 제공하는 환경 만화 자료를 보면서 '생물 다양성'에 대해 알아본다.

전개 활동 2

1 돌림책을 도안대로 잘라 만들고, 표지를 자유롭게 꾸민다.

2 짝꿍과 돌림책 퀴즈 놀이를 한다.

① 한 명이 표지를 돌린다.

② 짝꿍이 "멈춰!"라고 외치면 표지를 돌리던 것을 멈춘다.

③ 멈춘 자리에 보이는 동물에 대한 퀴즈를 낸다.

정리 활동

1 오늘 수업 중 기억에 남는 동물에 대해 발표한다.

2 모든 생물은 각자 역할을 가지고 있으며, 그렇기에 지구에는 다양한 생물이 더불어 살아가야 함을 강조하고 수업을 마무리한다.

수업 진행 팁

⟨8. 세상에서 벌이 사라진다면?⟩, ⟨9. 멸종 위기 동물을 지켜라!⟩의 두 수업을 연결하여 생물 다양성 프로젝트로 진행할 수 있습니다. 첫 번째 주제를 통해 모든 생물은 존중받아야 함을 이해하고, 두 번째 주제를 통해 생물들이 존중받지 못하고 있는 현 상황을 인식하도록 해요.

수업 후기

• '생물 다양성을 존중해야 하는 이유를 어떻게 아이들에게 전달할 수 있을까?'라는 고민에서 이 수업은 시작되었어요. 인간에게 도움이 되지 않는 것 같은 작은 생물들도 모두 그 쓰임이 있고, 그들도 이 생태계를 유지하는 데 필요한 역할을 하나씩 맡고 있다는 것을 알려주고 싶었습니다. 저학년 수준에 맞추어 역할극, 돌림책처럼 쉽고 재미있게 참여할 수 있는 활동으로 구성했고, 실제로 아이들의 반응은 폭발적이었습니다. 자신이 역할극을 하겠다며 너도나도 손을 들었고, 역할을 맡게 된 친구는 최선을 다해 재미있고 실감 나게 연기해 주었어요. 덕분에 아이들의 몰입도가 급격히 올라갔고, 학습 목표에 성공적으로 도달할 수 있었습니다.

• 수업을 마친 후 아이들의 태도는 조금씩 변화했습니다. 학급 텃밭에서 꿀벌을 발견했을 때 한 아이가 "꿀벌은 우리가 먼저 공격하지 않으면 침을 쏘지 않으니 괜찮아. 너무 가까운 쪽만 피해 주자."라고 말했습니다. 그랬더니 아이들은 다 같이 조용히 다른 쪽으로 빙 돌아갔습니다. 그뿐 아니라 교실에 작은 벌레가 들어왔을 때도 용감한 친구 한

명이 나서서 "내가 죽일게!" 대신 "내가 밖으로 보내줄게!"라고 말했습니다. 그러면서 혹시나 벌레가 다칠까 종이 위로 올라오도록 유인해서 살짝 들어 올려 옮겨주었습니다. 얼마나 흐뭇하던지요. 이 수업을 통해 당장 나에게 도움이 되지 않는 듯한 동물처럼 보이더라도 모든 생명의 삶을 존중하며 함께 살아가는 아이들로 성장하기를 바라는 마음입니다.

🌲 알아두면 좋아요! _ 생물 다양성의 날

세계 여러 나라는 지구상의 생물종을 보호하기 위한 생물 다양성 협약(CBD, Convention on Biological Diversity)이 발표된 5월 22일을 '생물 다양성의 날'로 지정해 기념하고 있습니다. 생물 다양성은 생물종은 물론 생물이 서식하는 생태계, 생물이 지닌 유전자의 다양성을 포괄하는 말입니다. 생물 다양성 협약은 생물 다양성을 보존하고, 지속 가능한 방식으로 생물 다양성의 요소를 사용하며, 유전자원으로부터 유래되는 이익을 공정하고 형평에 맞게 공유하는 목적으로 전 세계 168개 국가가 맺은 협약입니다.

우리나라는 1999년 10월 생물 다양성 협약에 가입하였고, '야생 동식물보호법' 규정에 따라 법정관리 동·식물을 지정하여 보호·관리하고 있으며, 불법 포획 신고보상금제도 등을 운영하고 있습니다.

09
멸종 위기 동물을 지켜라!

🧑 **대상 학년** 1~4학년　　🐯 **소요 시간** 40분

침팬지 박사로 유명한 제인 구달은 생태계가 건강하려면 다양한 동식물이 유기적으로 연결되어야 하고, 생물종이 하나씩 멸종될 때마다 생물 다양성이 심각하게 훼손되어 결국 생태계가 붕괴한다고 말했습니다. 생물의 멸종은 곧 먹이사슬이라는 생명의 그물망에 구멍이 뚫리는 것과 마찬가지인 셈이지요. 거미줄이 한두 개씩 끊어지면 점점 약해져 결국 무너지듯이, 생명의 그물망 역시 인간의 무분별한 개발로 빠르게 망가지고 있습니다.

멸종 위기 동물에 대해 배우고 해결책을 찾는 것은 우리의 삶과 밀접한 연관이 있습니다. 생명의 그물망이 촘촘히 유지되어야 인간 역시 지구에서 안전하게 살아갈 수 있으니까요. 이 수업을 통해 멸종 위기 동물에 대해 배우는 것이 단순히 그 동물이 불쌍하니 보금자리를 찾아주자는 것을 넘어, 생명의 그물망을 튼튼하게 하여 인간이 안전하게 살아가도록 하기 위해서임을 알게 해주세요.

학습 목표

• 기후 위기로 인해 멸종 위기에 처한 동물들을 알 수 있다.
• 멸종 위기에 처한 동물들을 위해 할 수 있는 일을 찾아보고 실천할 수 있다.

관련 성취기준

• **[2바02-02]** 봄에 볼 수 있는 동식물을 소중히 여기고 보살핀다.
• **[2바08-02]** 생명을 존중하며 동식물을 보호한다.
• **[4도04-01]** 생명의 소중함을 이해하고 인간 생명과 환경 문제에 관심을 가지며 인간 생명과 자연을 보호하려는 태도를 가진다.

수업의 흐름

활동 순서	활동 안내	자료 및 참고 사항
도입 (5분)	• 멸종의 뜻 알기 • 멸종이 위험한 이유 생각해 보기	• PPT
전개 1 (30분)	• 멸종 위기 동물과 멸종 위기 원인 알아보기 • 멸종 위기 동물 미니북 만들기 • 멸종 위기 동물을 위해 우리가 할 수 있는 일 찾아보기	• PPT, 활동지
전개 2 (선택 활동, 15분)	• 멸종 위기 동물 말판놀이하기	• 활동지, 말(지우개)
정리 (5분)	• 새롭게 알게 된 내용 돌아가며 발표하기	

평가 계획 ———

상	동물들이 멸종 위기에 처한 원인 중 하나가 기후 위기라는 것을 설명할 수 있고, 멸종 위기에 처한 동물들을 위해 할 수 있는 일을 찾아 실천할 수 있다.
중	동물들이 멸종 위기에 처한 원인 중 하나가 기후 위기라는 것을 알고, 멸종 위기에 처한 동물들을 위해 할 수 있는 일을 실천하려는 태도를 지닐 수 있다.
하	멸종 위기 동물의 종류를 알고, 멸종 위기에 처한 동물들을 위해 할 수 있는 일을 실천하려는 태도를 떠올려볼 수 있다.

활동 순서와 방법 ———

도입 활동

1 학생들에게 친숙한 공룡으로 호기심과 관심을 유발한다. 공룡처럼 '지구에 살았었지만 더 이상 볼 수 없는 상태'를 멸종이라고 하며, 지금도 멸종 사태가 일어나고 있다는 것을 인지시킨다.

2 인간에 의해 박쥐 같은 야생동물이 사는 곳이 파괴되면서 인간에게 균을 옮기기 쉬운 환경이 만들어짐으로써 생긴 질병이 코로나19 바이러스라는 것을 설명한다.

3 생명체들이 살 곳을 잃고 멸종되었을 때, 인간의 삶이 안전하게 유지될 수 있을지 생각해 보도록 한다.

전개 활동 1

1 대본(PPT 자료 참고)을 통해 멸종 위기 동물들의 이야기를 듣는 형식으로 활동을 진행한다. 동물들은 왜 멸종 위기에 처했는지 자신

의 이야기를 들려준다.

- 벵골 호랑이 : 서식지인 습지가 물에 잠길 위기에 처했다.
- 아프리카 치타 : 폭염으로 인해 새끼를 낳기가 어려워졌다.
- 자이언트 판다 : 기후 변화로 인해 대나무숲이 사라지면서 먹이
  가 사라지고 있다.
- 바다거북 : 따뜻한 모래에서 수컷 거북이 태어나지 않아 알을
  낳을 수 없다.
- 흰수마자 : 모래하천에서 살아가는 민물고기인데, 서식지인 영
  주 내성천 공사로 인해 2020년엔 한 마리도 발견되지 않았다.

2 활동지의 멸종 위기 동물 미니북 도안을 자르고 접는다.

3 미니북의 빈칸을 채우며 학습한 내용을 확인해 본다.

4 멸종 위기에 처한 동물들을 위해 우리는 무엇을 할 수 있을지 생각해 보고 함께 이야기 나눈다.

❤ Tip

▶ 학생들이 각 동물들을 맡아 역할극처럼 연기하도록 해보세요. 기후 위기로 살 곳이 사라지고 개체수가 줄어들고 있는 동물의 마음을 짐작해 보고, 그에 어울리는 표정과 말투로 읽도록 해요.

▶ 멸종 위기에 처한 동물들을 위해 할 수 있는 일이 무엇인지 잘 몰라 어려워하는 학생들이 있다면 일상생활 속에서 환경을 지키고, 자연을 가꾸려는 노력이 모두 동물들이 살아가는 곳을 안전하게 지켜줄 수 있는 방법이라는 것을 일러줍니다. 또한 동물들의 위기를 많은 사람들에게 알리는 것 역시 학생들이 실천할 수 있는 일이라는 것을 알려주세요.

전개 활동 2

오늘 배운 내용으로 말판놀이를 한다.

① 말판 놀이 활동지의 출발 지점에 각자의 말(지우개)을 놓는다.

② 가위바위보를 하여 이긴 사람은 자신의 말을 이동시킨다. (바위로 이기면 한 칸, 가위로 이기면 두 칸, 보로 이기면 세 칸 이동)

③ 이동한 칸에서 퀴즈의 정답을 맞히면 통과, 맞히지 못하면 이전의 칸으로 돌아간다.

④ 말판 한 바퀴를 먼저 돌아오는 사람이 승리한다.

▶ 말판놀이는 선택 활동입니다. 배운 내용을 재미있게 정리할 수 있는 활동으로, 아침 활동 시간, 중간놀이 시간, 점심시간 등에 보드게임처럼 활용할 수 있습니다.

정리 활동

멸종 위기 동물을 위해 할 수 있는 일 중 '많은 사람들에게 알리기'를 실천할 수 있도록 연습해 본다. 꼭 알리고 싶은 내용 한 가지를 선정하여 멸종 위기 동물에 대해 전혀 모르는 친구에게 알려주듯 발표한다.

수업 후기 ────

• 학생들이 수업을 통해 단순히 멸종 위기에 처한 동물이 가엽다는 마음을 넘어서, 이 문제가 인간에게도 지대한 영향을 미친다는 사실을 깨닫길 바랐습니다. 인간은 분명 다른 동물들에 비해 월등히 지적 능력이 높은 특별한 생명체이지만, 동물들이 안전하지 않으면 인간 역시 안전하지 않다는 사실을요. 학생들은 수업 정리 단계에서 '사람들에게 멸종 위기 동물에 대해 알리기'를 진지하게 연습했습니다. 미니북에 정리한 내용을 보고 읽다가, 안 보고도 자연스럽게 말하기 위해 짝꿍

에게 몇 번이고 다시 설명했습니다. 수업 초반과 다르게 동물의 멸종을 훨씬 더 무겁게 받아들이는 아이들의 마음을 느낄 수 있었습니다.

• 생물 다양성 수업을 통해 여러 가지 지식을 쌓았다면, 이를 기반으로 학생들이 캠페인을 기획해 보면 좋겠다는 생각이 들었습니다. 멸종 위기 동물을 위해 할 수 있는 일, '많은 사람들에게 알리기'를 더 적극적으로 실천해 보는 것이지요. 멸종 위기 동물을 그림으로 그려 전시하기, 멸종 위기 동물 뱃지 만들어 나눠 주기, 생물 다양성 포스터 만들기 등 우리 반의 '생물 다양성 페스티벌'을 열어보는 것은 어떨까요? 환경 문제를 해결하기 위해 용기 있게 행동할 수 있는 생태 시민으로서 한 뼘 더 성장할 수 있을 거예요.

10
오늘은 미세먼지 없는 날

😊 **대상 학년** 3~4학년 　🏫 **소요 시간** 40분

누구나 한번쯤 미세먼지 때문에 불편했던 경험이 있을 겁니다. 주변 국가 때문에 미세먼지가 발생한다고 생각하는 사람들이 많지만, 실제로는 서울시의 대기질을 분석한 결과 국내의 영향이 절반가량으로 무시할 수 없는 수준이라고 합니다.

미술 시간에 미세먼지가 없는 날 하고 싶은 일들에 대해 아이들과 이야기를 나누고 활동을 진행해 보았습니다. 미세먼지에 대한 경각심을 갖고 이를 줄이기 위한 노력을 함께 해보면 어떨까요?

학습 목표

- 미세먼지의 의미와 미세먼지의 원인을 이해하고 미세먼지가 없는 날 하고 싶은 일을 떠올려 공유할 수 있다.
- 힘을 합쳐 미세먼지 없는 푸른 하늘을 표현하며 실천 의지를 다진다.

교과 성취기준

- **[4도04-01]** 생명의 소중함을 이해하고 인간 생명과 환경 문제에 관심을 가지며 인간 생명과 자연을 보호하려는 태도를 가진다.
- **[4미01-04]** 미술을 자신의 생활과 관련지을 수 있다.
- **[4미02-05]** 조형 요소(점, 선, 면, 형·형태, 색, 질감, 양감 등)의 특징을 탐색하고, 표현 의도에 적합하게 적용할 수 있다.

수업의 흐름

활동 순서	활동 안내	자료 및 참고 사항
도입 (3분)	• '틀린 그림 찾기'를 통해 같은 풍경도 미세먼지 때문에 달라질 수 있음을 떠올리기	• PPT
전개 (30분)	• 미세먼지 때문에 불편했던 경험을 떠올려 포스트잇에 적고 비슷한 것끼리 묶기 • 미세먼지가 무엇인지, 미세먼지는 왜 생기는지 알아보기 • 미세먼지가 없는 푸른 하늘 아래에서 가장 하고 싶은 것을 떠올려 협동화 그리기	• 포스트잇, 전지, A4 도화지, 사인펜, 색연필, 수채화 용구, 가위, 풀
정리 (7분)	• 완성된 협동화를 함께 살펴보며 실천 의지 다짐하기	

평가 계획

상	미세먼지의 의미와 미세먼지의 원인을 이해하며, 미세먼지가 없는 날 하고 싶은 일을 떠올려 협동화를 그리는 활동에 적극적으로 참여한다.
중	미세먼지의 의미와 미세먼지의 원인에 대해 대략 이해하며, 미세먼지가 없는 날 하고 싶은 일을 떠올려 협동화를 그리는 활동에 참여한다.
하	미세먼지의 의미와 미세먼지의 원인에 대한 전반적 이해가 어려우며, 미세먼지가 없는 날 하고 싶은 일을 떠올리는 데 어려움을 느낀다.

활동 순서와 방법

도입 활동

1 동기 유발을 위해 미세먼지가 '최악'이었던 날과 '매우 좋음'이었던 날, 같은 시간대에 같은 장소를 찍은 두 사진을 보여준다.

2 사진이 서로 다른 이유를 생각해 보며 같은 풍경도 미세먼지 때문에 달라질 수 있음을 안내하고, 미세먼지가 우리의 일상에 미치는 영향에 대해 이야기 나눈다.

3 학습 목표를 안내한다.

💙 Tip

▶ 학생들이 자연스럽게 미세먼지 저감을 위해 노력해야 한다는 다짐을 할 수 있도록 토의 활동과 미술 활동 중에 자신의 경험과 생각을 자유롭게 표현하는 것이 중요해요.

전개 활동 1

1 미세먼지 때문에 불편했던 기억을 떠올려보고 내용을 포스트잇에 적는다.

2 포스트잇을 칠판에 붙이고 비슷한 것끼리 묶은 뒤, 미세먼지가 심해서 가장 불편하다고 느끼는 것은 무엇인지 이야기 나눈다.

3 미세먼지와 초미세먼지에 대해 알아보고, 미세먼지의 원인과 미세먼지를 줄이기 위해 우리가 할 수 있는 일을 정리해 본다.

🌱 Tip

▶ 학생들이 포스트잇에 자신의 경험을 솔직하게 떠올려 적을 수 있도록 미리 예시를 제시하지 않는 것이 좋아요.

▶ 환경부와 NASA의 연구에 따르면, 미세먼지의 일부는 중국 등 주변 국가에서 넘어오지만, 미세먼지의 절반은 국내에서 발생한 것이라고 해요. 학생들이 '국내'의 공장 및 화력 발전소, 자동차 매연, 난방용 연료 사용 때문에 미세먼지가 발생한 것임을 이해할 수 있도록 국내 요인을 중심으로 다뤄주세요.

▶ 미세먼지의 원인을 없애는 방법에 대해 질문하여 학생들 스스로 생각해 볼 수 있도록 해요.

전개 활동 2

1 1분간 미세먼지가 없는 푸른 하늘 아래에서 하고 싶은 일이 무엇인지 떠올려본다.

2 앞서 떠올린 '푸른 하늘 아래에서 하고 싶은 일'을 협동화로 표현한다. 수채화 물감을 사용하여 전지에 미세먼지 없는 하늘을 표현하

고, 활동지 또는 A4 도화지에 각자 미세먼지가 없는 날 하고 싶은
일을 그린 뒤 테두리를 따라 오려 전지에 붙인다.

🌱 Tip

▸ 그림이 또렷하게 잘 보일 수 있도록 종이에 꽉 찰 정도로 크게 그리고, 검은색 테두리를 그리
  게 하면 좋아요.

정리 활동

완성한 협동화를 함께 살펴보며 미세먼지가 없는 날 무엇을 하고 싶
은지 서로 이야기 나누고 실천 의지를 다짐한다.

수업 진행 팁 ———

대기오염을 주제로 하는 그림책인《굴뚝 이야기》를 연계해서 읽어보세요. 대기 오염의 원인 중 하나인 석탄화력발전소와 공장을 굴뚝에 빗대어 표현한 그림책으로, 굴뚝으로 부를 축적한 부자와 가난한 사람들이 대비되는 이야기입니다. 초등 저학년과는 대기 오염이 유발하는 문제와 해결 방법에 대해, 고학년과는 여기에서 더 나아가 선진국과 개발도상국 간의 기후 변화 부정의에 대해 이야기 나눌 수 있습니다.

수업 후기 ———

• 언젠가부터 초등학교 교실에 미세먼지 알림판이 필수품이 되었습니다. 미세먼지의 위험성에 대한 인식이 확산되고 학교에서는 미세먼지 교육이 필수적으로 이루어지고 있습니다. 하지만 학교에서 하는 미세먼지 교육은 미세먼지가 심한 날 어떻게 대처해야 하는지에 대한 안전교육 중심의 교육이 대부분입니다. 대처도 중요하지만, 문제 자체를 해결하기 위해 노력할 의지를 강화하고자 이와 같은 수업을 구상하게 되었습니다.

• 아이들은 미세먼지가 심한 날 운동장에서 체육을 하지 못하고 교실 체육을 하는 것이 가장 불편하다고 이야기하였습니다. 한 아이가 꺼낸 '체육'이라는 단어에 너나 할 것 없이 각자 못했던 체육 활동에 대해 이야기하고, 그림으로 그리는 모습을 볼 수 있었지요. 이렇듯 간단한 질문 하나만으로도 미세먼지 문제의 심각성과 해결의 필요성을 느끼게 해줄 수 있었던 수업이었습니다.

지구를 생각하는
40가지 초등 수업·이야기

Part 2
여름
Summer

11
세계 환경의 날 - 캔크러시

👤 **대상 학년** 전학년   🕐 **소요 시간** 40분

지금으로부터 50년 전, 스웨덴 스톡홀름에서 열린 '유엔인간환경회의'에서 국제 사회는 '지구를 위해 힘을 합쳐야 한다'고 함께 다짐하며 약속했습니다. 바로 6월 5일, 환경을 생각하며 모두가 노력해야 함을 전하고 있는 세계 환경의 날입니다.

환경은 우리나라뿐만 아니라 전 세계적으로 이제 가장 중요한 관심사가 되었습니다. 세계 환경의 날을 기념하여 우리도 환경을 생각하는 작은 행동을 해보는 것은 어떨까요?

학습 목표

• 캔크러시 활동을 통하여 작은 습관들이 모여 환경을 지킬 수 있음을 이해할 수 있다.

• 밟은 캔을 활용하여 세계 환경의 날 홍보 자료를 만들어 게시할 수

있다.

- 세계 환경의 날의 의의를 알고 내가 할 수 있는 일을 떠올려 실천 의지를 다진다.

교과 성취기준 ─────

- **[2즐01-01]** 친구와 친해질 수 있는 놀이를 한다.
- **[6국03-02]** 목적이나 주제에 따라 알맞은 내용과 매체를 선정하여 글을 쓴다.
- **[6사08-05]** 지구촌의 주요 환경 문제를 조사하여 해결 방안을 탐색하고, 환경 문제 해결에 협력하는 세계시민의 자세를 기른다.
- **[4도04-01]** 생명의 소중함을 이해하고 인간 생명과 환경 문제에 관심을 가지며 인간 생명과 자연을 보호하려는 태도를 가진다.
- **[6실03-04]** 쾌적한 생활공간 관리의 필요성을 환경과 관련지어 이해하고 올바른 관리 방법을 계획하여 실천한다.
- **[4체05-03]** 신체활동 시 발생할 수 있는 위험 상황을 인지하며 안전하게 신체활동을 수행한다.
- **[4미03-04]** 미술 작품을 감상하는 올바른 태도를 알고 작품을 소중히 다룰 수 있다.

수업의 흐름 ────

활동 순서	활동 안내	자료 및 참고 사항
도입 (5분)	• 환경의 날 기념 영상 시청하기	• 동영상

전개
(30분)
	• 세계 환경의 날 알아보기
	• 내가 할 수 있는 일 나누어보기
	• 캔크러시 활동하기
	• 세계 환경의 날 홍보 자료 만들기
		• 동영상, 포스트잇,
		  캔, 폐종이박스,
		  사인펜, 테이프
		– 캔은 깨끗이 씻어
		  서 말린 다음 가져
		  올 수 있도록 미리
		  안내하기

정리 (5분)	• 작품 감상하고 소감 나누기	

평가 계획 ────

상	세계 환경의 날의 의미를 이해하고 안전에 유의하여 캔크러시 활동에 참여하며 환경의 날을 홍보하는 포스터를 만든다.
중	세계 환경의 날의 의미는 알지만 캔크러시 활동과 홍보 포스터 만들기에 다소 도움이 필요하다.
하	세계 환경의 날의 의미를 이해하지 못하고 캔크러시 활동과 포스터 만들기에 적극적으로 참여하지 않는다.

활동 순서와 방법

도입 활동

1 동기 유발을 위해 환경의 날 기념 뮤직비디오를 감상
한다.

2 학습 목표를 안내한다.

❤️ Tip

▶ 매년 주제가 달라지는 환경의 날에 맞추어 학급 특색이나 학년 특성을 고려한 영상의 일부를
보여주고, 무엇에 대한 영상인지 이야기하도록 해요. 우리 반은 미술 시간을 활용하여 제작한
학급 뮤직비디오를 보며 환경의 날에 대한 수업을 시작했어요.

전개 활동 1

1 영상을 통해 세계 환경의 날에 대해 알아본다.

2 내가 환경을 위해 할 수 있는 일을 떠올려 포스트잇에
하나씩 적는다. 칠판에 붙여 비슷한 주제끼리 엮어가
며 우리 반의 생각을 모으고 확인해 본다.

 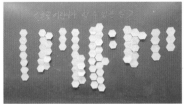

▼ Tip

▶ 세계 환경의 날은 매년 실천 키워드가 달라집니다. 한 주제로 깊이 있게 설명되는 기념일이 아니기 때문에 제정된 까닭에 집중하여 간단히 설명하도록 해요.

전개 활동 2

1 영상을 통해 캔크러시 챌린지에 대해 알아본다.

2 캔크러시 활동 방법과 유의점, 효과를 알아보고 캔크 러시 활동을 진행한다.

활동 방법

① 바닥에 캔을 놓는다.

② 캔이 튕겨나가지 않게 조심하여 있는 힘껏 캔을 밟는다.

③ 잘 구겨진 캔은 한쪽 구석에 모아둔다.

활동 유의점

• 캔을 밟을 때는 주위 친구들과 부딪히지 않도록 조심한다.

• 더 이상 캔이 밟히지 않을 때는 억지로 밟지 않는다.

• 구겨진 캔의 단면이 날카로울 수 있으므로 밟은 캔을 집을 때는 목장갑을 착용하고 맨손으로 함부로 만지지 않도록 한다.

활동의 효과

- 캔을 밟아 분리배출하여 부피를 줄일 수 있다.
- 캔을 깨끗이 씻고 밟으면 이물질이 들어가지 않아 재활용률을 높일 수 있다.

전개 활동 3

밟은 캔과 폐종이박스를 활용하여 세계 환경의 날 홍보 자료를 만든다. 홍보 자료에 캔을 붙일 때는 날카로워서 다칠 수 있으므로 교사가 붙이는 것이 좋다.

정리 활동

1 완성한 작품을 서로 감상하고 소감을 나눈다.
2 작품 감상이 끝나면 복도에 게시하여 다른 학급에서도 충분히 감

상할 수 있도록 홍보물로 전시한다.

수업 진행 팁 ────

캔은 깨끗이 씻어서 말려올 수 있도록 미리 일주일 전에 안내하였습니다. 캔 음료를 가정에서 일부러 섭취해야 하는 역설적인 상황이 발생하지 않도록 사용한 캔이 없다면 준비하지 않아도 된다고 했지요. 대신 교사가 미리 아파트 분리배출이 이루어지는 날 양해를 구하고 캔을 구하여 준비해 두었습니다. 학교에서 분리배출되는 캔류를 활용하는 것도 좋습니다.

수업 후기 ────

• 세계 환경의 날인 6월 5일을 기념하여 일회성으로 끝나는 계기 교육이 아니라 즐거운 수업이 일상에 변화를 줄 수 있다면 더 좋지 않을까 하여 활동적인 수업으로 엮어보았습니다. 다만, 흥미 위주의 활동에 그치지 않도록 캔크러시의 의미와 효과를 꼭 짚어보는 과정을 통하여 세계 환경의 날에 대해 올바르게 인식할 수 있도록 하였습니다.

• 캔크러시 활동이 아이들에게 강렬하게 기억되었던 것 같습니다. 비단 캔류가 아니더라도 아이들이 쓰레기를 버리기 전에 부피를 잘 줄이기 시작했고 분리배출하기 전에 깨끗이 씻어 말리는 단계가 필요하다는 것을 이해하게 되었습니다.

• 복도에 게시한 캔이 붙어 있는 홍보 포스터를 지나가는 다른 학생들이 많은 관심을 가지고 발걸음을 멈추어 찬찬히 읽어보곤 하였습니다. 아이들에게 재미를 더하는 캔크러시 활동으로 생각의 틀을 깬 환경의 날 계기 교육이 이루어진 것 같아 뿌듯했습니다.

🌳 알아두면 좋아요! _ 세계 환경의 날

1972년 6월 스웨덴에서 개최된 '유엔인간환경회의'에서 환경 보호를 위한 국제 사회의 공동 노력을 목적으로 매년 6월 5일을 세계 환경의 날 기념일로 지정하였어요. 1987년부터 매년 세계 환경의 날을 맞아 해마다 주제를 선정하고 대륙별로 돌아가며 한 나라를 정해 행사도 개최하고 있어요. 우리나라는 1997년에 서울에서 세계 환경의 날 행사를 개최한 적이 있답니다. 2022년은 50주년을 맞아 단 하나의 지구(Only One Earth)라는 주제로 스웨덴에서 행사가 개최되었어요.

12
비닐봉지가 플라스틱이라고?

👦 **대상 학년** 1~2학년   🏫 **소요 시간** 40분

비닐봉지는 찢어지는 종이봉지를 대신하는 혁신적인 발명품이었습니다. 또한 종이봉지 사용으로 인해 사라져가는 나무를 보호하는 친환경 제품인 셈이었죠. 하지만 현재는 '세계 일회용 비닐봉지 안 쓰는 날'을 지정하고 일회용 비닐봉지 사용을 줄이기 위해 애쓰고 있습니다. 환경 보호를 위해서 만들어진 비닐봉지가 어떻게 지구 환경의 대표적인 적이 되었는지, 그리고 이를 줄이기 위한 실천 방법에는 어떤 것이 있는지 알아볼까요?

학습 목표

- 일회용 비닐봉지 사용의 문제점을 알고 일회용 비닐봉지 사용을 줄이는 방법을 찾는다.
- 세계 일회용 비닐봉지 안 쓰는 날의 의의를 알고 실천 의지를 다진다.

교과 성취기준

- **[2국03-02]** 자신의 생각을 문장으로 표현한다.
- **[2국01-05]** 말하는 이와 말의 내용에 집중하며 듣는다.

수업의 흐름

활동 순서	활동 안내	자료 및 참고 사항
도입 (5분)	• '나는 누구일까요?' 퀴즈를 통해 수업의 주제 알아보기	
전개 (25분)	• 일회용 비닐봉지 사용의 문제점 알아보기 • 일회용 비닐봉지 사용을 줄이는 방법에 관한 아이디어 모으기	• 포스트잇, 활동지, 동영상
정리 (10분)	• 아이디어 실천 다짐하기	• 활동지

평가 계획

상	일회용 비닐봉지 사용의 문제점을 알고, 사용을 줄이기 위한 방법을 찾을 수 있으며 이를 생활 속에서 적극적으로 실천한다.
중	일회용 비닐봉지 사용의 문제점을 알지만 사용을 줄이기 위한 방법을 찾는 데 어려움을 느끼며 이를 생활 속에서 실천하기 위해 노력한다.
하	일회용 비닐봉지 사용의 문제점과 줄이기 위한 방법을 찾는 데 어려움을 느끼고 생활 속 실천에 관심이 없다.

활동 순서와 방법 ————

도입 활동

1 '나는 누구일까요?' 퀴즈를 풀어본다.

2 초성 'ㅂㄴㅂㅈ'를 제시한다.

3 세 가지의 힌트를 하나씩 제시하면서
정답을 맞힐 수 있도록 한다.

① 나는 물에 젖지 않아요.

② 가볍고 작게 접을 수 있어요.

③ 물건을 담아요.

4 정답이 '비닐봉지'임을 확인한다.

🔻 Tip

▶ 이면지에 초성 'ㅂㄴㅂㅈ'를 따라 쓰게 하고 초성에 맞는 글자를 만들어보는 활동으로 진행해
도 재미있어요.

전개 활동 1

1 생활 속에서 비닐봉지가 어떻게 쓰이는
지 이야기 나눈다.

2 비닐봉지의 탄생과 문제점을 영상을 통
해 알아본다.

3 활동지 1번의 빈칸을 채우면서 영상 내
용을 정리한다.

Tip

▶ 비닐봉지는 플라스틱의 일종이므로 플라스틱의 문제점이 곧 비닐봉지의 문제점임을 이해할 수 있도록 안내해요.

▶ 비닐봉지가 우리 생활 속에서 얼마나 많이 사용되는 편리한 물건인지, 그리고 쉽게 버려진 비닐봉지가 환경에 어떤 문제를 야기하는지 충분히 이야기 나눠요.

전개 활동 2

1 '세계 일회용 비닐봉지 안 쓰는 날'을 소개한다.

2 일회용 비닐봉지 사용을 줄이기 위한 생활 속 아이디어를 생각해 포스트잇에 적고 칠판에 붙인다.

Tip

▶ 아이디어는 개수를 제한하지 않고 생각나는 만큼 자유롭게 적어보도록 해요.

정리 활동

1 포스트잇에 적힌 아이디어를 같은 종류끼리 분류하고 그 결과를 확인한다.

2 생활 속에서 가족과 함께 실천해 볼 아이디어 행동을 활동지 2번에 적어 실천 다짐문을 완성한다.

Tip

▶ 비닐봉지 줄이기 실천 행동 인증 사진을 찍은 뒤 학급 홈페이지, 패들렛 등에 올려 공유할 수 있어요.

수업 후기 ────

퀴즈를 통한 수업 열기가 학생들의 몰입을 한층 도왔습니다. 퀴즈를 먼저 푼 학생은 다른 학생들에게 힌트를 더 제시해 주기도 했습니다. 다만, 일회용 비닐봉지 사용을 줄이기 위한 학생들의 아이디어가 '장바구니 사용하기' 이상으로 확산되지 않아 단조로웠다는 점이 아쉬웠습니다. 생활 속에서 비닐봉지가 쓰이는 예를 상황별로 제시하고 각 상황에서 어떻게 줄일 수 있는지 아이디어를 모아본다면 보다 풍성한 수업이 될 것이라 생각합니다.

알아두면 좋아요! _ 세계 일회용 비닐봉지 안 쓰는 날

2008년 스페인 국제환경단체 '가이아'에서 제안하여 지정된 환경 기념일로 매년 7월 3일에 실시하고 있습니다. 한 번 쓰고 버려지는 일회용 비닐봉지의 사용을 하루만이라도 줄이자는 취지의 기념일로, 장바구니 사용하기, 비닐봉지 거절하기, 다회용기에 음식 포장하기, 비닐 재사용하기 등의 생활 속 실천 행동을 통해 동참할 수 있습니다.

13
물 발자국 줄이기

👦 **대상 학년** 4~6학년   🏫 **소요 시간** 40분

지구의 70%가 물이기 때문에 물 자원은 몹시 풍족하고 무한하다고 생각하는 경우도 많습니다. 하지만 우리가 사용할 수 있는 물은 몹시 한정적이에요. 그리고 '물' 그 자체를 사용하는 경우뿐만 아니라 제품 의 원료, 제조, 유통, 사용과 폐기까지 모든 과정에서 사용되는 물의 양 을 나타내는 '물 발자국'까지도 생각해 보아야 해요.

언제까지 우리가 물 자원을 아무런 불편함 없이 사용할 수 있을까요? 이미 지구촌 어느 곳에서는 매일같이 생명을 이어나가기 위한 물 자 원을 확보하는 데 하루의 많은 시간을 보내고 있습니다. 이번 시간에 는 세계 물의 날에 대해 알아보고 우리들의 물 사용 습관을 점검해 봅 니다. 물 발자국과 우리가 생활 속에서 물 소비를 줄일 수 있는 실천 방안에 대해서도 알아보며 물 자원의 소중함을 느껴보아요.

학습 목표

- 세계 물의 날에 대해 알아보고 물의 중요성을 안다.
- 나의 물 사용 습관을 점검하고 물 발자국이란 무엇인지 알며 물 절약 실천 의지를 다진다.

교과 성취기준

- **[4과17-02]** 물의 중요성을 알고 물 부족 현상을 해결하기 위해 창의적 방법을 활용한 사례를 조사할 수 있다.
- **[6사08-05]** 지구촌의 주요 환경 문제를 조사하여 해결 방안을 탐색하고, 환경 문제 해결에 협력하는 세계시민의 자세를 기른다.

수업의 흐름

활동 순서	활동 안내	자료 및 참고 사항
도입 (10분)	• 하루 동안 물을 어디에 사용했는지 살펴보기 • 1L의 물로 할 수 있는 일 생각해 보기	• 활동지
전개 (25분)	• '세계 물의 날' 영상 보고 '물의 날' 관련 퀴즈 풀기 • 나와 우리 가족의 물 사용 실태 체크리스트 작성하기 • 물 발자국 알아보기	• 동영상, 활동지, '물의 날' 계기 교육 자료(지구하자 연구회)
정리 (5분)	• 물 사용을 줄일 수 있는 방안 나누기(앞으로의 다짐 및 현재 우리 가족의 실천 활동 소개하기)	• 활동지

평가 계획 —————

상	세계 물의 날에 대해 알고 자신의 물 사용 습관을 <u>스스로</u> 점검할 수 있으며, 물 발자국의 의미를 이해하여 물 절약 실천 의지를 다진다.
중	세계 물의 날에 대해 알고 자신의 물 사용 습관을 점검할 수 있으나 물 발자국의 의미를 이해하는 데 어려움을 느낀다.
하	세계 물의 날에 대해 이해하지만 자신의 물 사용 습관을 점검하는 데 어려움을 느끼고 물 발자국 개념을 전혀 이해하지 못한다.

활동 순서와 방법 —————

도입 활동

1 동기 유발을 위해 어제 하루 동안 물을 언제 사용했는지, 물 1L로 할 수 있는 일은 무엇인지 등을 이야기 나누며 물 사용과 관련된 학생들의 경험과 사전 지식을 탐색한다.

2 학습 목표를 안내한다.

🦢 Tip

▶ 아직 물 발자국에 대해 학습하기 전이기 때문에 도입 단계에서는 대부분 실제 액체 상태의 '물'을 직접 사용한 경우를 이야기하도록 해요. 학생들이 자유롭게 다양한 실제 생활 속에서 물을 언제 사용하고 있는지 떠올리게 해주세요.

▶ 물 1L의 양을 시각화해서 보여주는 것이 좋아요. 학급 학생들이 텀블러나 500mL 물병을 많이

가지고 다니기 때문에 500mL 물병 2개라고 알려주면 1L의 양이 훨씬 잘 전달돼요.

전개 활동 1

1 영상을 통해 '세계 물의 날'에 대해 알아본다.

2 '물의 날' 계기 교육 자료(지구하자 연구회) 속
   퀴즈를 풀며 기본 지식을 쌓는다.

3 '물 절약 체크리스트'를 통해 나의 물 사용 습관을 점검해 보고, 각
   항목이 어떤 의미를 가지고 있는지 이해한다.

물 절약 체크리스트 예시

① 비누칠, 양치하는 동안 수도꼭지 잠그기

② 양치 컵 사용하기

③ 샤워는 10분 이내로 짧게 하기

④ 빨래는 충분히 모아 한 번에 돌리기

⑤ 합성·액체 세제보다는 천연 세제나 고체 비누 이용하기

⑥ 절수형 변기를 사용하거나 변기 물통에 벽돌 등을 넣어두기

⑦ 설거지 및 식재료 세척 시 물 받아서 사용하기

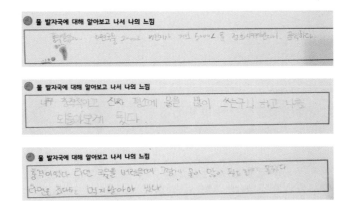

나의 우리 가족의 물 사용, 물 절약 체크리스트! (총점 ___)

□ 나는 손 씻을 때 비누칠하는 동안, 양치하는 동안 물을 잠근다.
□ 나는 양치할 때 양치컵을 사용한다.
□ 나의 샤워 시간은 10분 이내이다.
□ 우리 집은 빨래를 최대한 모아서 세탁한다.
□ 우리 집은 액체 세제, 천연 세제보다는 천연 세제나 고체 비누를 사용한다.
□ 우리 집은 절수형 샤워 꼭지를 사용하거나 절수형 변기(소변/대변 물내림 구분)를 사용한다.
□ 요리 후 남은 기름 찌꺼기는 기름 마말이나 신문지로 닦은 후 설거지한다.
□ 다 쓴 기름은 전용 수거함에 버린다.
□ 제철이면서 우리나라 보건소를 통해 구매한다.
□ 우리 집은 국산물을 애용한다.
□ 샴푸나, 비누나짐, 당근까만 등을 이용한다.
□ 한 번 구매한 물품은 쉽게 버리지 않고 오래 사용한다. (학용품, 장난감, 옷 등)
□ 육식보다는 채식을 즐긴다.
□ 과자, 초콜릿, 커피, 음료수 등을 덜마신다.

나의 우리 가족의 물 사용, 물 절약 체크리스트! (총점 ___)

□ 나는 손 씻을 때 비누칠하는 동안, 양치하는 동안 물을 잠근다.
□ 나는 양치할 때 양치컵을 사용한다.
□ 나의 샤워 시간은 10분 이내이다.
□ 우리 집은 빨래를 최대한 모아서 세탁한다.
□ 우리 집은 액체 세제, 천연 세제보다는 천연 세제나 고체 비누를 사용한다.
□ 우리 집은 절수형 샤워 꼭지를 사용하거나 절수형 변기(소변/대변 물내림 구분)를 사용한다.
□ 요리 후 남은 기름 찌꺼기는 기름 마말이나 신문지로 닦은 후 설거지한다.
□ 다 쓴 기름은 전용 수거함에 버린다.
□ 제철이면서 우리나라 보건소를 통해 구매한다.
□ 우리 집은 국산물을 애용한다.
□ 샴푸나, 비누나짐, 당근까만 등을 이용한다.
□ 한 번 구매한 물품은 쉽게 버리지 않고 오래 사용한다. (학용품, 장난감, 옷 등)
□ 육식보다는 채식을 즐긴다.
□ 과자, 초콜릿, 커피, 음료수 등을 덜마신다.

💙 Tip

▶ 한국수자원공사의 〈물정보포털-물과 생활-초등학습〉에서 제공하는 교육 컨텐츠 자료를 활용해도 좋아요.

▶ 물 절약 체크리스트의 문항 중 양치 컵 사용, 샤워 시간 등 학생들이 명확하게 자신의 물 사용 습관에 대해 이야기할 수 있는 부분부터 점차 범위를 확대해서 성찰할 수 있도록 해요.

전개 활동 2

1 물 발자국이 무엇인지 설명하고, 커피와 초콜릿부터 각종 육류와 공산품까지 다양한 물건들의 물 발자국을 알아보며 물 발자국을 줄일 수 있는 소비 습관과 생활 습관을 만들어야 함을 안내한다.

2 물 발자국에 대해 알아보고 나서 느낀 점을 함께 이야기 나눈다.

● 물 발자국에 대해 알아보고 나서 나의 느낌

동물들... 대략물을 2000ml 빨리나 거의 5000L로 정조 내가너무너무 궁색하다

● 물 발자국에 대해 알아보고 나서 나의 느낌

내가 축축하고 진짜 픽스에 물은 많이 쓰는구나 하고 나를 뒤돌아보게 됐다.

● 물 발자국에 대해 알아보고 나서 나의 느낌

동력이었다 다면 국물을 버렸으며 그랬게 물이 많이 퍼는 걸 몰랐다 라면은 최대한 먹지않아야 된다

♥ Tip

▸ 물 정보 포털에서 물 통계 현황을 찾거나, 웹사이트에서 '물 발자국'을 검색하면 다양한 물 발자국 자료를 확인할 수 있어요.

▸ 물 발자국의 단위가 'L(리터)'이고 숫자가 크다 보니(예 : 소고기 약 15,000L) 이를 500mL 물병의 개수(예 : 소고기 약 15,000L = 500mL 물병 30,000개)나 욕조 물의 양으로 치환해서 설명하면 학생들의 생활과도 밀접하게 연관이 되어 학생들에게 더 크게 와 닿을 수 있어요.

정리 활동

1 물을 절약하거나 다시 사용할 수 있는 구체적인 실천 방법을 활동지에 적고, 이미 실천하고 있는 우리 가족 또는 나만의 팁이 있다면 친구들과 공유한다.

2 생활 속에서 우리가 할 수 있는 수준에서부터 물 절약을 실천할 것을 다 함께 다짐한다.

수업 후기 ──────

• 수업을 통해 집집마다 다양한 방법으로 물 절약을 실천하고 있음을 알게 되었습니다. 하지만 샤워 시간의 경우 권장 시간인 10분 이내보다 20~30분, 혹은 그 이상이 소요된다는 학생들이 대부분이었습니다. 물 자원 절약과 관련해서 거창하게 실천하려는 마음가짐도 좋지만, 샤워 시간, 양치 컵 사용 등 매일 우리가 행하고 있는 것들을 좀 더 들여다보고 습관을 개선하려는 시도가 필요하다고 생각했습니다.

• 물 발자국에 대한 수업을 할 때 커피를 마시고 있었는데 커피의 물 발자국이 상당했고, 학생들이 "선생님, 커피요!"라고 말을 했을 때 부끄러운 마음이 들었습니다. 물 발자국을 미리 학습했다면 급식을 먹을 때에도 학생들이 잔반 줄이기에 적극적으로 동참했을 것 같습니다.

🌳 알아두면 좋아요! _ 세계 물의 날

매년 3월 22일은 '세계 물의 날'입니다. 세계 물의 날은 1993년에 시작되었으며 인구 증가와 산업화 등으로 인해 점차 심각해지는 물 부족과 환경 오염에 대한 경각심을 일깨우고 물의 소중함을 널리 알리기 위해 제정되었습니다. UN 및 산하 기구에서는 매년 물의 날을 기념하며 주제를 정하고 있으며 2020년에는 Water and Climate Change(물과 기후 변화), 2021년에는 Valuing Water(물의 가치), 2022년에는 Groundwater : Making the Invisible visible(지하수, 보이지 않는 것을 보이도록)을 선정하였습니다. 우리나라에서는 2022년에 '하나

된 물, 자연과 인간이 함께 누리는 생명의 물'을 공식 주제로 선정하여
물의 날을 기념하였습니다.

14
내 친구, 친환경 에너지

👦 **대상 학년** 4~6학년   🏫 **소요 시간** 80분

석탄발전에 따른 1인당 온실가스 배출량이 G20 국가에서 두 번째로 많은 기후 악당, 바로 대한민국입니다. 또한 지속되는 러시아-우크라이나 전쟁으로 인한 에너지 위기는 비단 우리나라뿐만 아니라 전 세계적으로 함께 해결해야 할 문제가 되었지요. 에너지 문제를 나의 문제로 인식하고 지속 가능한 에너지 생산 및 사용을 위해 무엇을 할 수 있을지 학생들과 함께 알아볼까요?

학습 목표 ————

• 우리가 사용하는 에너지를 생산하는 방법을 알고 에너지의 유한성을 이해한다.
• 지속 가능한 친환경 에너지의 종류와 필요성을 바르게 인식한다.

교과 성취기준

- **[6과13-03]** 전기를 절약하고 안전하게 사용하는 방법을 토의할 수 있다.
- **[6과17-02]** 자연 현상이나 일상생활의 예를 통해 에너지의 형태가 전환됨을 알고, 에너지를 효율적으로 사용하는 방법을 토의할 수 있다.
- **[6사08-05]** 지구촌의 주요 환경 문제를 조사하여 해결 방안을 탐색하고, 환경 문제 해결에 협력하는 세계시민의 자세를 기른다.

수업의 흐름

활동 순서	활동 안내	자료 및 참고 사항
도입 (5분)	• 대한민국은 왜 기후 악당이 되었을까?	• PPT
전개 1 (70분)	• 우리나라의 에너지는 어떻게 생산되는지 알아보기 • 에너지를 언제까지 쓸 수 있을까?(에너지의 유한성) • 신재생 에너지란?	• 활동지, PPT
전개 2 (선택 활동, 80분)	• 친환경 에너지 체험하기 • 생활 속 친환경 에너지 아이디어 공모전	• 친환경 에너지 교구(환경교육포털 대여), 활동지
정리 (5분)	• 신재생 에너지의 필요성 정리	

평가 계획

상	에너지의 유한성을 이해하며 지속 가능한 에너지의 종류와 필요성을 알고 구체적으로 설명할 수 있다.
중	에너지의 유한성을 이해하며 지속 가능한 에너지의 종류와 필요성을 안다.
하	에너지의 유한성 및 지속 가능한 에너지의 종류와 필요성에 대한 인식이 부족하다.

활동 순서와 방법

도입 활동

1 대한민국이 온실가스 배출량이 세계 2위인 기후 악당이 되었음을 PPT를 통해 설명하고, 탄소 배출의 가장 높은 비율을 차지하는 에너지 생산 및 소비에 대한 변화가 시급함을 인지시킨다.

2 학습 목표를 안내한다.

전개 활동 1

1 우리가 사용하는 에너지의 대부분이 어디서 오는지 알아보고 현재의 에너지 생산 방식을 언제까지 사용할 수

있을지 이야기해 본다.

2 친환경 에너지에 대해 알아보고 신에
너지와 재생 에너지의 종류와 각 에너
지의 생산 방식을 학습한다.

전개 활동 2

1 환경교육포털(www.keep.go.kr)에서 친환경 에너지 교구를 대여하
여 태양광, 풍력, 동력, 수소 에너지를 직접 체험해 본 뒤 친환경 에
너지의 장점과 필요성을 활동지에 정리한다.

2 생활 속에서 에너지를 줄일 수 있는 아이디어를 공모한다. 우리 생
활 속에서 에너지가 많이 사용되는 공간 및 친환경 에너지를 활용
할 수 있는 공간을 생각해 보고, 버스정류장 위 태양광 발전판으로
전기를 생산해 정류장 내 냉방시설 가동하기, 학교 옥상에 옥상정
원 만들기 등 친환경적으로 에너지를 생산하고 절약할 수 있는 아
이디어를 고안한 뒤 발표한다.

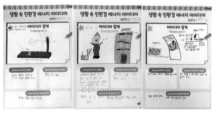

▶ 수업 시간이 부족할 경우 선택 활동 중 〈친환경 에너지 체험하기〉와 〈생활 속 친환경 에너지 아이디어 공모전〉 중 하나만 진행해요.

▶ 장점(Plus), 단점(Minus), 흥미로운 점(Interesting)을 다각적으로 살피는 PMI 기법을 활용하여 아이디어를 고안하고 보완하는 과정을 거쳐 아이디어 공모전을 진행해요.

정리 활동

1 자신의 아이디어를 모둠원과 공유하고 발표하며, 다른 학생들의 아이디어를 들으며 피드백을 주고받는다.

2 현실적이거나 기발한 아이디어에 투표한다.

3 친환경적인 에너지 생산의 중요성에 대해 정리하고 수업을 마무리한다.

수업 후기

• 수업을 통해 우리나라 대부분의 에너지 생산 방식과 자원의 유한성을 연관지어 생각해 보면서 우리에게 에너지 전환이 필요한 이유를 직접적으로 느낄 수 있었습니다. 그리고 여러 친환경 에너지에 대해 배운 후 교구를 빌려 직접 체험해 보았을 때 학생들은 실제로 전기가 생산된다는 것에 신기해 했고 몇몇 학생들은 "우리 학교도 태양광 발전판을 옥상에 설치하면 좋겠어요."라며 친환경 에너지의 도입을 적극적으로 주장하기도 했습니다.

• 친환경 에너지 아이디어 공모전은 실제 많은 기관에서 실시하고 있는 공모전을 학급에서도 실시해 본 것이었는데, 정말 좋은 아이니어가

많이 나왔습니다. 이 과정에서 학생들은 우리 주변에서 에너지가 낭비되고 있거나 에너지 전환이 필요한 상황을 생각해 보고, 상황에 적합한 친환경 에너지를 선택해 보았습니다. 학생들이 직접 아이디어를 내며 탄소를 줄일 수 있는 에너지 방식에 대해 스스로 정리해 보고 자신의 삶과 연계하여 해결하는 동안 주체적으로 에너지를 줄이고자 하는 마음가짐을 내면화할 수 있었을 것입니다.

🌱 알아두면 좋아요! _ 신에너지와 재생 에너지

신에너지는 기존에 쓰이던 석유, 석탄, 원자력, 천연가스가 아닌 새로운 에너지를 의미합니다. 물과 천연가스 등의 화합물 형태로 존재하는 수소를 분리, 연소시켜 에너지를 얻는 수소 에너지, 연료의 화학 에너지를 전기 화학반응에 의한 전기 에너지로 변화시키는 장치인 연료전지, 석탄과 폐기물, 바이오매스 등을 가스화하여 생산된 합성가스를 정제해 고급 에너지로 전환하는 복합기술인 석탄 액화·가스화 기술을 포함합니다.

재생 에너지의 정확한 명칭은 재생 가능 에너지이며, 태양의 빛 에너지를 이용하는 태양광 발전, 태양의 열 에너지를 이용하는 태양열 발전, 바람을 이용하는 풍력, 물을 이용하는 수력, 동식물의 배설물과 폐기물을 이용하는 바이오 에너지, 땅의 열과 조수 간만의 차, 파도의 힘을 이용하는 지열, 조력, 파력 등 자연 발생적인 에너지입니다. 화석 연료와 원자력을 대체할 수 있으며 환경 오염이 적고 지속적으로 이용이 가능해 미래 에너지로 많은 주목을 받고 있습니다.

15
지구를 살리는 친환경 에너지 도시

👦 **대상 학년** 4~6학년 　🏫 **소요 시간** 80분

독일 하이델베르크, 아이슬란드 레이캬비크, 슬로베니아 류블랴나, 스페인 마드리드, 핀란드 헬싱키. 이 다섯 도시의 공통점은 무엇일까요? 바로 '친환경 에너지 도시'라는 것입니다. 지속되는 기후 위기 및 에너지 문제에 따라 탄소 배출량을 줄이고 계획적으로 에너지 사용을 줄이는 친환경 에너지 도시가 세계 곳곳에서 생겨나고 있습니다. 각 도시의 자연환경과 도시 상황에 따른 다양한 에너지 절약 기술 및 정책을 조사해 보고, 이를 활용하여 학생들만의 창의적인 친환경 에너지 도시를 만들어보아요.

학습 목표

• 지속 가능한 친환경 에너지 도시에 적용된 기술과 정책을 살펴보고 친환경 에너지 도시를 만들 수 있다.

교과 성취기준

- **[6과13-03]** 전기를 절약하고 안전하게 사용하는 방법을 토의할 수 있다.
- **[6과17-02]** 자연 현상이나 일상생활의 예를 통해 에너지의 형태가 전환됨을 알고, 에너지를 효율적으로 사용하는 방법을 토의할 수 있다.
- **[6사08-05]** 지구촌의 주요 환경 문제를 조사하여 해결 방안을 탐색하고, 환경 문제 해결에 협력하는 세계시민의 자세를 기른다.
- **[6미01-04]** 이미지를 활용하여 자신의 느낌과 생각을 전달할 수 있다.
- **[6미02-01]** 표현 주제를 잘 나타낼 수 있는 다양한 소재를 탐색할 수 있다.
- **[6미02-03]** 다양한 자료를 활용하여 아이디어와 관련된 표현 내용을 구체화 할 수 있다.
- **[6미02-05]** 작품 제작의 전체 과정에서 느낀 점, 알게 된 점 등을 서로 이야기할 수 있다.

수업의 흐름

활동 순서	활동 안내	자료 및 참고 사항
도입 (5분)	• 친환경 에너지 도시란 무엇일까?	• 동영상

전개 1 (70분)	• 세계의 친환경 에너지 도시를 알아보고 각 도시에 적 용된 기술과 정책 살피기 • 우리 모둠의 친환경 에너지 도시 설계하기	• 활동지
전개 2 (선택 활동, 120분)	• 친환경 에너지 도시 직접 만들기	• 도화지, 색종이, 가위, 풀 등
정리 (5분)	• 설계도와 결과물 발표하기 • 최우수 도시 선정하기 • 지속 가능한 친환경 에너지 도시의 필요성 정리하기	• 활동지, 활동 결과물

평가 계획 ────

상	지속 가능한 친환경 에너지 도시에 적용된 기술과 정책 조사 활동에 적극적으로 참 여하며 우리 모둠만의 친환경 에너지 도시를 만들 수 있다.
중	지속 가능한 친환경 에너지 도시에 적용된 기술과 정책 조사 또는 우리 모둠만의 친 환경 에너지 도시를 만드는 활동 참여에 어려움을 겪는다.
하	지속 가능한 친환경 에너지 도시에 적용된 기술과 정책 조사 및 우리 모둠만의 친환 경 에너지 도시를 만드는 활동 참여에 어려움을 겪는다.

활동 순서와 방법 ────

도입 활동

1 5명씩 한 모둠으로 구성하고 모둠별로 앉는다.

2 친환경 마을인 독일의 보봉을 소개하는 영상을 시청한
뒤 친환경 에너지 도시가 세계적으로 많아지는 이유를
생각해 보고 발표한다.

3 학습 목표를 안내한다.

전개 활동 1

1 모둠 내 5명의 모둠원들이 세계의 친환경 도시 5개(독일 하이델베르크, 아이슬란드 레이캬비크, 슬로베니아 류블랴나, 스페인 마드리드, 핀란드 헬싱키)를 각각 하나씩 맡은 후, 같은 도시를 맡은 다른 모둠의 친구들과 모여 해당 도시가 친환경 도시인 이유와 적용된 기술 및 정책에 대해 정리한다.

2 조사 후 본 모둠으로 돌아와 자신이 맡았던 도시에 대해 모둠원에게 공유하고, 서로 질문하며 활동지에 정리하는 시간을 갖는다.

3 앞 활동에서 공유한 친환경 도시들의 기술과 정책을 참고하여 우리 모둠의 친환경 에너지 도시를 설계한다. 도시의 이름, 이름의 의미, 도시의 마스코트, 도시의 주요 친환경 에너지, 친환경 도시를 위한 정책에 대해 모둠끼리 정하고, 도시의 전체적인 설계도를 그린다.

전개 활동 2

앞서 만든 설계도를 토대로 우리 모둠의 친환경 도시를 만들어보는
활동을 추가로 진행할 수 있다.

✔ Tip

▶ 친환경 도시 설계 시 실현 가능성보다는 창의성과 에너지 절감 기대 효과에 초점을 두고 아이
   디어를 발산할 수 있도록 지도해요.
▶ 선택 활동을 추가로 진행할 경우 설계도 작성 시 추후 만들기 활동을 고려해 어떤 준비물을 사
   용할 것인지 구체적으로 설계할 수 있도록 지도해요. 이때 준비물은 최대한 재활용품을 이용
   할 수 있도록 안내해요.

정리 활동

1 모둠의 설계도와 결과물을 발표하여 학급 구성원과 공유하고, 다
   른 학생들의 아이디어를 들으며 피드백을 주고받는다.

2 반 투표를 통해 가장 기대되는 최우수 도시를 선정한다.

3 지속 가능한 친환경 에너지 도시의 기대 효과 및 필요성에 대해 교사가 정리한 후 수업을 마무리한다.

♥ Tip

▶ 친환경 도시에 대해 발표할 때 설계도와 함께 전시하고 단순히 설계에 대해서만 설명하기보
다는 사용한 에너지 절약 기술과 정책을 중심으로 발표하도록 지도해요.

수업 후기

• 친환경 에너지 도시 만들기 활동은 처음 계획했던 시간보다 훨씬 더 많은 시간을 들여야 했지만 그만큼 학생들이 굉장히 진심으로 참여했고 친환경 에너지에 대해 배웠던 것을 총정리하며 마무리할 수 있었던 시간이었습니다. 세계의 친환경 에너지 도시를 조사하는 과정에서 학생들은 지금까지 배웠던 친환경 에너지들이 각 도시에서는 어떻게 효과적으로 사용되고 있는지 아이디어를 얻을 수 있었고, 이를 통해 자신들만의 독특하고 창의적인 친환경 에너지 도시를 설계할 수 있었습니다. 도시의 이름부터 마스코트에 담긴 의미, 각 도시의 작은 요소들 하나하나가 무엇을 상징하고 어떤 에너지 절감 효과를 내어

환경에 도움이 될 수 있는지를 설명하는 모습에서 학생들의 진지함을 엿볼 수 있었고 학생 본인의 언어로 도시를 홍보하며 배운 내용을 정리할 수 있었습니다.

• 프로젝트 정리 단계에서 나누어본 학생의 소감 중 "우리가 살고 있는 서울이 우리가 설계했던 도시처럼 이루어지지 않아 아쉬웠다."는 의견이 인상적이었습니다. 물론 학생들이 설계한 도시는 아직 이상적인 부분이 더 많겠지만 언젠가는 이런 바람이 모두 들어가 있는 친환경 도시들이 더욱 늘어났으면 하고 소망해 봅니다.

🌲 알아두면 좋아요! _ 제로 에너지 건축물

제로 에너지 건축물은 사전적으로는 건물의 사용 에너지와 생산 에너지의 합이 최종적으로 0(Zero)이 되는 건축물을 의미하지만, 기술적·경제적 한계가 있어 정책적으로는 에너지 소비를 최소화하여 건축하고 이용할 수 있는 건축물을 의미해요. 1++(2등급) 이상 에너지 효율 등급, 최소 20% 이상 에너지 자립률을 인정받아야 제로 에너지 등급을 얻을 수 있어요.

🌲 알아두면 좋아요! _ 제로 에너지 건축 기술

제로 에너지 건축물을 건축하기 위한 기술에는 패시브(Passive) 기술과 액티브(Active) 기술이 있어요. 패시브 기술은 에너지를 최소화하는 기술로 별도의 기계장치를 활용하지 않고 구조에 의해 자연스럽게 복사, 대류, 전도가 이루어지도록 건물을 설계하여 열의 흐름을 조절하는 기술을 말해요. 냉난방 효과를 얻는 기술로 자연 환기, 고성능 창문, 차양, 고기밀, 외단열, 자연 채광, 건물 녹화, 축열제 등이 있어요. 액티브 기술은 열 흡수 장치, 풍력 발전, 조력 발전 등의 적절한 기계 장치를 건축물에 활용함으로써 태양열, 풍력, 지열 등의 신재생 에너지를 적극적으로 생산하여 소비하는 기술이에요.

16
쓰레기로 뒤덮인 바다

👧 **대상 학년** 1~2학년 🏫 **소요 시간** 40분

바다는 지구의 70%를 차지하며 수많은 생명을 품고 있는 생태계의 보고이자 우리 인간에게 많은 자원을 내어주는 소중한 곳입니다. 우리는 육지에 살고 있어서 그 중요성을 잘 인식하지 못하지만 바다는 식량, 자원, 기후 환경 등 우리 삶에 큰 영향을 주고 있습니다. 하지만 현재 바다는 우리나라 연안부터 멀리는 태평양에 이르기까지 넘쳐나는 바다 쓰레기로 몸살을 앓고 있습니다. 이번 수업에서는 바다 쓰레기의 실태와 원인, 해결책을 알아봅니다.

학습 목표 —

• 바다 쓰레기의 실태와 원인을 알고 이를 해결하기 위한 방법을 이해할 수 있다.

• 바다 쓰레기에 관한 이해와 실천 다짐을 글로 표현할 수 있다.

교과 성취기준

- **[2바08-02]** 생명을 존중하며 동식물을 보호한다.
- **[2국03-02]** 자신의 생각을 문장으로 표현한다.

수업의 흐름

활동 순서	활동 안내	자료 및 참고 사항
도입 (5분)	• '바다'와 관련된 이야기 나누기	
전개 (25분)	• 바다 쓰레기의 실태와 문제점 알기 • 바다 쓰레기의 발생 원인 살펴보고, 해결 방안 알아보기	• 동영상, PPT, 활동지
정리 (10분)	• 바다 생물에게 편지쓰기	• 활동지

평가 계획

상	바다 쓰레기의 실태와 원인을 알고 이를 해결하기 위한 방법을 이해하며 바다 쓰레기에 관한 이해와 실천 다짐을 글로 표현한다.
중	바다 쓰레기의 실태와 원인을 알고 이를 해결하기 위한 방법을 이해하나 바다 쓰레기에 관한 이해와 실천 다짐을 글로 표현하는 데 다소 어려움을 느낀다.
하	바다 쓰레기의 실태와 원인, 이를 해결하기 위한 방법에 대한 이해가 어렵다.

활동 순서와 방법 ───

도입 활동

'바다' 하면 생각나는 것들을 말해 보고, 그것과 관련된 경험에 대해 자유롭게 이야기 나눈다.

전개 활동 1

1 바다 쓰레기 관련 동영상을 함께 시청한다.

2 영상과 관련하여 바다 쓰레기에 대해 알고 있는 내용이나 직접 바다에서 쓰레기를 본 경험, 바다 쓰레기로 인해 일어나는 문제점 등에 관해 함께 이야기 나눈다.

3 바다 쓰레기로 인해 피해를 입고 있는 바다 환경과 바다 생물들을 PPT 속 사진 자료와 영상으로 살펴본다.

4 바다 생물들이 바다 쓰레기로 인해 위협받고 있으며, 바다에서 식량 자원을 얻는 인간도 결국 바다 쓰레기의 피해를 입을 수 있음을 안내한다.

전개 활동 2

1 바다 쓰레기가 어디에서 발생되는지 생각해 보고 이야기 나눈다.

2 바다 쓰레기의 발생 원인을 PPT를 통해 살펴보고, 바다 쓰레기를 줄이기 위한 실천 행동을 활동지를 통해 확인해 본다.

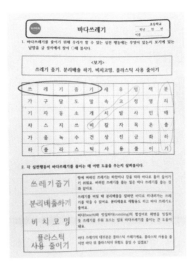

정리 활동

1 활동지 속 쓰레기 섬에 갇힌 아기 물범을 구하는 미로게임을 한다.

2 바다 쓰레기로 고통받고 있는 바다 생물들에게 전하는 글을 쓴다.

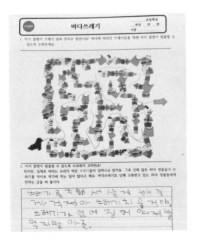

수업 후기

• 바다와 관련된 경험부터 바다 쓰레기 문제까지 아이들의 무궁무진한 이야기를 들을 수 있었던 수업이었습니다. 특히 도입 활동에서 바다와 관련한 자신의 경험을 이야기할 때는 시간이 부족할 정도였습니다. 바다 쓰레기 문제 역시 빠지지 않고 나왔는데 바다에 가본 경험이 많지 않은 학생도 뉴스나 영상 매체에서 들은 내용에 공감하며 이야기할 정도로 바다 쓰레기 문제의 심각성을 공유하게 된 시간이었습니다.

• 수업 이후에도 바다를 지키기 위한 4가지 실천 행동을 학급 사정에 따라 별도의 수업이나 학급 생활 중에 함께 실천해 보면서 바다 환경 문제를 다시 한번 떠 올릴 수 있는 시간을 가지시길 추천합니다.

🌳 알아두면 좋아요! _ 국제 연안 정화의 날

1986년부터 미국 텍사스주에서 시작된 해양 환경 보호를 위한 행사로 우리나라는 2001년부터 참여하고 있습니다. 매년 9월 셋째 주 토요일에 이루어지는 이 행사는 해안과 수중에서 쓰레기를 수거하고 쓰레기의 종류, 유입 경로를 파악하는 등 바다 쓰레기를 줄이기 위한 노력에 힘쓰고 있습니다.

17
비상! 이상한 기후

👦 **대상 학년** 3~4학년　　🏛 **소요 시간** 40분

해가 다르게 무더위가 극성을 부리고 있습니다. 봄, 여름, 가을, 겨울의 뚜렷한 사계절이 있었던 우리나라는 점점 여름이 길어지고, 봄과 가을은 짧아지고 있습니다. 바로 지구 온난화 때문이지요. 대기에 지나치게 많은 온실가스 때문에 지구의 온도는 점점 오르고, 인간이 살기 힘든 환경으로 변하고 있습니다.

그럼에도 불구하고 사람들은 '괜찮아', '나 하나 쯤이야'를 외치며 환경을 파괴하는 일을 반복하고 있습니다. 이 수업은 전 세계가 겪고 있는 이상 기후가 얼마나 심각한지 다양한 사례들을 통해 보여주고, 이상 기후가 생긴 원인을 탐구해 봅니다. 학생들은 지구 온난화의 원인이 편리함을 추구하는 나의 일상생활 때문이라는 것을 알게 됩니다. 지금 당장 나의 행동들을 환경적으로 바꿔야 하는 이유를 설명하고 실천하도록 하는 수업, 시작해 볼까요?

학습 목표

- 이상 기후에 대해 알 수 있다.
- 이상 기후를 막기 위해 우리가 할 수 있는 일을 찾아 실천할 수 있다.

교과 성취기준

- **[4국01-03]** 원인과 결과의 관계를 고려하며 듣고 말한다.
- **[4수05-01]** 실생활 자료를 수집하여 간단한 그림그래프나 막대그래프로 나타낼 수 있다.
- **[4수05-02]** 연속적인 변량에 대한 자료를 수집하여 꺾은선그래프로 나타낼 수 있다.

수업의 흐름

활동 순서	활동 안내	자료 및 참고 사항
도입 (5분)	• 과거와 현재의 여름 최고 기온 비교하기	• PPT
전개 (25분)	• 이상 기후의 뜻과 종류 알아보기 (폭염, 홍수, 태풍, 가뭄) • 자료를 보고 이상 기후의 원인 말하기 • 우리 반 이상 기후 대책 세우기	• 동영상, PPT, 모둠 칠판, 보드마카, 화이트보드 지우개
정리 (10분)	• 이상 기후 대비 안전 수칙 알아보기 • 수업이 끝난 후 느낀 점 이야기하기	

평가 계획

상	이상 기후의 뜻과 종류를 알고 그 원인을 설명할 수 있으며, 이상 기후를 막기 위해 우리가 할 수 있는 일을 찾아 실천할 수 있다.
중	이상 기후의 뜻과 종류를 알고 그 원인을 이해하며, 이상 기후를 막기 위해 우리가 할 수 있는 일을 찾아 실천하려는 태도를 지닐 수 있다.
하	이상 기후가 무엇인지 알고, 이상 기후를 막기 위해 우리가 할 수 있는 일을 찾아 실천하려는 태도를 떠올려볼 수 있다.

활동 순서와 방법

도입 활동

1980년 7월과 2021년 7월 서울의 최고 기온을 비교해 본다. 21년도의 최고 기온이 높아졌다는 사실을 통해 지구가 뜨거워진 이유가 무엇일지 짐작해 보도록 하며 수업에 대한 흥미를 유발한다.

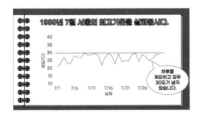
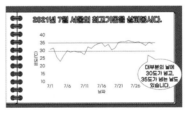

♥ Tip

▶ 4학년의 경우 수학 1학기 5단원 막대그래프, 2학기 5단원 꺾은선그래프와 연계할 수 있습니다. PPT 속 '여름 최고 기온 비교 자료'를 활용해 학생들이 직접 자료를 조사하여 그래프를 그리

도록 해보세요. 이 경우 '1차시(수학) : 자료를 조사하여 그래프로 나타내기', '2차시(창체) : 그래프를 바탕으로 이상 기후 알아보기' 이렇게 총 2차시 수업으로 진행할 수 있어요.

전개 활동

1 이상 기후의 뜻을 알아본다.

2 폭염, 홍수, 태풍, 가뭄 등 이상 기후의 종류와 사례를 알아본다.

3 영상을 통해 지구 온난화의 뜻, 지구 온난화의 주범 등을 살펴보고, 이상 기후의 원인을 말해 본다.

원인과 결과를 생각하며 말하는 방법(3학년 1학기 국어 6단원, 일이 일어난 까닭)

① 그 일이 일어난 까닭과 그 까닭 때문에 생긴 일, 달라진 일을 찾아본다.

② 그 결과 어떤 일이 일어났는지 생각해 본다.

③ '그래서', '그러나', '때문에', '왜냐하면'과 같이 이어주는 말을 사용한다.

4 우리 반 모두의 의견을 모아 이상 기후 대책을 세운다.

① 모둠 칠판을 네 부분으로 나누고, 각자 한 칸씩 사용한다. 4명이 동시에 칠판을 사용할 수 있도록 책상 가운데에 둔다.

② 3분 동안 자신의 칸에 지구 온난화를 줄일 수 있는 방법을 최대한 많이 적는다.

③ 친구들이 쓴 대책을 살펴보고, 겹치는 것을 지운다.

④ 정리하여 발표한 뒤 우리 반의 이상 기후 대책을 만든다.

3학년 4반 이상기후대책

1. 쓰레기를 줄입니다.
2. 텀블러를 사용합니다.
3. 재활용합니다.
4. 음식을 남기지 않습니다.
5. 에어컨 필요할 때만 켭니다.
6. 영수증 받지 않습니다.
7. 이면지 사용합니다.
8. 전기 아껴 씁니다.
9. 휴지 아껴 씁니다.
10. 분리배출합니다.

♥ Tip

▸ 기후, 기온, 날씨 등의 개념은 사회과 5~6학년군의 내용으로, 교육과정상 3~4학년 수준에 맞지 않아 생략했어요. '지난 30년간 본 적이 없을 정도로 이상한 날씨'처럼 이해하기 쉽게 설명해 주세요.

▸ 세계지도에 이상 기후가 나타나는 나라들을 표시하게 하면 전 세계적으로 이상 기후가 나타나고 있다는 것을 시각적으로 느낄 수 있어요.

▸ 3학년 1학기 국어(나) 6단원의 일이 일어난 까닭 중 '원인과 결과에 따라 이야기하기'와 연계하여 구성할 수 있어요. 영상, 그림 자료 등을 살펴보고, 원인과 결과를 생각하며 말하는 방법에 따라 학생이 스스로 이상 기후의 원인을 말하도록 해보세요.

정리 활동

1 폭염, 홍수 등이 일어났을 때 안전하게 대응하는 것도 중요함을 일러주고, 이에 대한 대응 수칙을 돌아가며 이야기한다.

- 안전 재난 문자, 기상 특보를 예의 주시한다.
- 폭염 : 물을 자주 마신다. 야외 활동을 너무 오래하지 않는다.
- 홍수 : 고립될 수 있는 상황일 경우, 높은 곳으로 대피하여 구조를 기다린다.
- 태풍 : 거센 바람에 창문이 깨지지 않도록 테이프로 고정시킨다.
- 가뭄 : 양치할 때 컵 사용하기, 옷은 한꺼번에 모아서 세탁하기 등 물 절약을 생활화한다.

2 수업이 끝난 후 느낀 점, 인상 깊었던 점을 이야기해 본다.

♥ Tip

▶ 이상 기후 대책을 실천하지 않는다면, 학생들이 충격받았던 특정 이상 기후, 사진 자료가 먼 나라만의 이야기가 아니라 우리가 사는 고장에도 언제든 생길 수 있는 일임을 다시 한번 강조해 주세요.

수업 후기 ────

• 다회용기를 들고 시장에 가서 조개 1kg을 포장해 온 적이 있습니다. 용기를 내밀었더니 사장님께서 환경을 지키느라 고생하신다고 칭찬해 주셨지만 가게 한 켠에 쌓여 있는 검은 비닐봉지를 보니 마음이 무거워졌습니다. 나 한 사람만 실천한다고 환경 문제가 해결되지는 않을 거라는 생각 때문이었죠. 이처럼 환경 보호는 특정 관심 있는 사람만의 몫이 아니라, 지구에 살아가는 모두가 책임져야만 하는 일입니다. 이 수업을 진행하면서 아이들에게 강조했습니다. 나 혼자 비닐봉지 1장을 쓰지 않는다면 쓰레기 1개를 만들지 않은 것에 불과하지만, 우리 반이 다 같이 쓰지 않는다면 쓰레기 20여 개를 만들지 않은 것이

되고, 우리 학년이 쓰지 않는다면 100개, 우리 학교가 다 같이 쓰지 않는다면 600여 개에 달하는 쓰레기를 줄일 수 있다고요. 이처럼 개인이 열심히 실천하는 것도 의미 있지만, 다 같이 대책을 세우고 실천하면 그 효과는 훨씬 더 커집니다.

• 이상 기후 대책을 활용하여 챌린지를 만들 수 있습니다. 내가 실천하는 모습을 사진으로 찍어 SNS에 올리기, 친구들에게 오늘 실천한 일 발표하기 등 아이들이 재미있게 실천할 수 있는 챌린지를 구상하여 꾸준히 실천할 수 있는 원동력을 만들어주세요. 여름 방학 과제로 이상 기후 대책을 활용할 수도 있습니다. 방학 동안 학급 SNS에 이상 기후 대책 실천 사진을 올리도록 해보세요. 다른 친구가 실천하는 모습이 나의 원동력이 되어 어느새 우리 반 모두에게 실천은 귀찮은 것이 아닌, 신나고 재밌는 일이 될 거예요.

18
쓰레기를 줄이기 위해 기업에 편지 쓰기

👤 **대상 학년** 3~6학년   🎯 **소요 시간** 80분

코로나가 가져온 것은 바이러스만이 아닌 듯해요. 거리두기 수칙과 방역으로 인해 수많은 일회용, 플라스틱 쓰레기가 쏟아지기 시작했지요. 학교에서도 급식실과 교실 책상에 방역을 위한 가림판이 설치되었고, 비접촉 활동을 위한 비닐장갑 등 다양한 쓰레기들이 발생했습니다. 범람하는 플라스틱 쓰레기 문제의 심각성을 느끼고 이를 줄이기 위한 방법을 아이들과 함께 탐구해 보는 시간을 갖도록 해요.

학습 목표 ——

• 플라스틱 쓰레기의 심각성을 알 수 있다.
• 플라스틱 쓰레기를 줄이기 위해 기업에 편지를 쓰며 자신의 의견을 표출할 수 있다.

교과 성취기준

- **[4국03-04]** 읽는 이를 고려하여 자신의 마음을 표현하는 글을 쓴다.
- **[4국03-05]** 쓰기에 자신감을 갖고 자신의 글을 적극적으로 나누는 태도를 지닌다.
- **[4도04-01]** 생명의 소중함을 이해하고 인간 생명과 환경 문제에 관심을 가지며 인간 생명과 자연을 보호하려는 태도를 가진다.
- **[6국03-04]** 적절한 근거와 알맞은 표현을 사용하여 주장하는 글을 쓴다.
- **[6사08-06]** 지속 가능한 미래를 건설하기 위한 과제(친환경적 생산과 소비 방식 확산, 빈곤과 기아 퇴치, 문화적 편견과 차별 해소 등)를 조사하고, 세계시민으로서 이에 적극 참여하는 방안을 모색한다.
- **[6도03-04]** 세계화 시대에 인류가 겪고 있는 문제와 그 원인을 토론을 통해 알아보고, 이를 해결하고자 하는 의지를 가지고 실천한다.
- **[6과05-03]** 생태계 보전의 필요성을 인식하고 생태계 보전을 위해 우리가 할 수 있는 일에 대해 토의할 수 있다.

수업의 흐름

활동 순서	활동 안내	자료 및 참고 사항
도입 (15분)	• 바다, 해변 사진을 보고 떠오르는 단어 이야기하기 • 플라스틱 쓰레기가 우리에게 미치는 영향 알기	• 활동지, PPT

전개 1 (25분)	• 쓰레기를 줄이기 위해 우리가 할 수 있는 일 찾기	• 활동지, PPT
전개 2 (15분)	• 쓰레기를 줄이기 위해 기업, 정부가 할 수 있는 일 찾기 • 기업, 정부가 함께 쓰레기를 줄일 때의 효과 알기	• 활동지, PPT, 동영상
전개 3 (18분)	• 편지에 담고 싶은 감정 찾기 • 기업에 편지 쓰기	• 활동지
정리 (7분)	• 편지 내용 공유하기	

평가 계획 ——

상	플라스틱 쓰레기의 심각성을 알고 쓰레기를 줄이기 위한 자신의 의견을 글로 짜임새 있게 쓸 수 있다.
중	플라스틱 쓰레기의 심각성을 알고 쓰레기를 줄이기 위한 자신의 의견을 글로 쓸 수 있다.
하	플라스틱 쓰레기의 심각성을 알기 위해 노력하나 쓰레기를 줄이기 위한 자신의 의견을 글로 쓰는 데 어려움을 겪는다.

활동 순서와 방법 ——

도입 활동

1 바다와 해변 사진을 보고 모래 안에는 어떤 것들이 있을지 이야기 나눈다.

2 미세플라스틱이 사람으로부터 배출되어 다시 사람에게까지 돌아

오는 화살표를 그려 문제의 심각성을 인식시킨다.

💧 Tip

▶ 바다와 해변 사진을 보며 이 속에는 무엇이 있을지 추측해 보면서 수업을 시작해요. 그 속에 우리가 배출한 플라스틱 쓰레기가 잘게 쪼개져 눈에 보이지 않는 미세플라스틱으로 존재함을 안내해요.

▶ 화살표 그리기 활동을 통해 우리가 배출한 플라스틱이 우리 몸에 미세플라스틱의 형태로 되돌아온다는 점을 안내해요.

전개 활동 1

플라스틱 쓰레기를 줄이기 위한 방법, 바꿔야 할 습관, 알리고 싶은 사실을 함께 떠올리고 활동지에 적는다.

💧 Tip

▶ 교사가 먼저 다짐하는 예시문을 보여주면 학생들이 힌트를 얻을 수 있어요.

- 플라스틱 쓰레기를 줄이기 위한 방법 : 음식을 포장할 때 집에서 쓰는 냄비나 그릇을 가져가요.

- 플라스틱 쓰레기를 줄이기 위해 바꿔야 할 습관 : 학교에서는 텀블러를 이용해요.

- 플라스틱 쓰레기에 대해 알리고 싶은 사실 : 우리가 배출한 플라스틱이 미세플라스틱이 되어 우리 몸에 나쁜 영향을 끼쳐요.

전개 활동 2

1 플라스틱 쓰레기를 줄이기 위한 정책과 기업의 프로젝트 효과를 살펴보며 커다란 주체들이 움직였을 경우, 그 효과가 막대함을 인식한다.

2 소비자의 요구로 플라스틱 포장을 줄인 기업의 사례를 살펴보며 환경을 위한 시민 참여가 중요함을 이해한다.

전개 활동 3

1 기업에게 전하고 싶은 마음을 활동지에 감정 단어(3학년 국어 교육 과정과의 연계)로 정리한다.

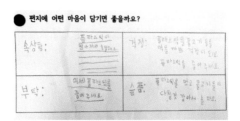

2 정리한 단어들을 활용하여 필요 없는 또는 과도한 플라스틱 포장을 줄여달라는 내용의 편지를 쓴다.

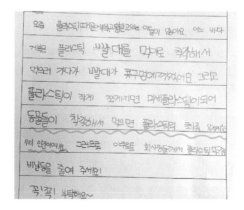

♥ Tip

▶ 수업 전이나 후에 우리 주변의 과대포장 제품을 스스로 찾아보고 패들렛 또는 학급 SNS 등에 공유할 수 있어요. 수업 전에 미리 과대포장 제품들을 찾아보았다면 학생들이 찾아온 제품 중 투표를 진행하여 가장 많은 표를 얻은 기업에 편지를 보낼 수 있어요. 이 과정을 통해 아이들은

자신의 삶 속에 얼마나 많은 플라스틱 제품들이 있는지 탐구하고 소비의 과정에서 쓰레기를 비교적 적게 생산하는 제품을 선택하는 습관을 기를 수 있답니다.

정리 활동

작성한 편지 내용을 친구들과 공유하고 느낀 점이나 알게 된 점을 나눈다.

수업 후기 ─────

• 처음 수업을 시작할 때 눈앞의 대상이 아닌 기업에 편지를 쓰는 것에 아이들이 흥미를 가질 수 있을지 걱정스러웠습니다. 하지만 인류가 만든 플라스틱 쓰레기가 다양한 형태로 결국 다시 인류에게 돌아온다는 점을 공부하며 아이들은 그 심각성을 깊게 이해하였습니다. 또 교사가 예시로 제시한 내용을 넘어서서 자신들이 쓰고 싶은 말로 편지를 가득 채우는 모습을 보고 환경 문제에 진심으로 다가가고 있음을 느꼈습니다.

• 수업을 마친 후에도 편지가 정말로 전달이 되었는지 궁금해하는 아이들의 질문에 세상이 변하기를 바라는 간절한 마음이 느껴졌습니다.

더불어 학교에 있는 시설이나 물건에서도 필요 없는 플라스틱 자재나 포장을 보며 불편함을 느끼고 이야기를 나누는 모습을 통해 환경적인 시선으로 세상을 바라보는 태도를 갖추어 가고 있음을 알 수 있었습니다. 운이 좋게도 편지를 보낸 기업에서 플라스틱을 줄이려고 노력하고 있다는 점을 회신해 주어 아이들의 자아 효능감을 높일 수 있었고, 환경 시민으로의 자세를 학습하는 계기가 되었습니다.

19
출동! 우리 동네 쓰레기 수사대

👦 **대상 학년** 3~4학년   🗓 **소요 시간** 60분

기후 위기 교육을 하다 보면 북극곰 이야기가 자주 등장합니다. 작아진 얼음을 겨우 붙잡고 있는 북극곰 사진을 보면 어린이들도 함께 마음 아파하죠. 하지만 교실에 편안히 앉아 시원한 에어컨 바람을 쐬며 듣는 북극곰 이야기는 기후 위기가 곧 우리의 문제라고 어린이들을 설득하기엔 머나먼 이야기처럼 느껴집니다.

코로나19 팬데믹 이후 더욱 심각해진 쓰레기 문제는 중요한 환경 이슈로 떠올랐습니다. 더 이상 묻을 곳이 없어진 쓰레기 더미와 비닐봉지, 플라스틱 빨대에 고통받는 해양 생물의 모습도 뉴스를 통해 쉽게 만날 수 있지요. 그래서 이번 수업에서 어린이들은 직접 동네의 환경 문제를 탐구하고 조사해 봅니다. 교실 안이 아닌 교실 바깥에서 쓰레기 문제의 현실을 직접 피부로 느껴보는 활동이지요. 과연 수사를 마친 어린이들은 어떻게 변하였을까요?

학습 목표

- 우리 동네 쓰레기 문제를 탐구하기 위한 모둠별 수사 계획서를 작성할 수 있다.
- 우리 지역의 환경 문제를 직접 탐구함으로써 지역 문제 해결에 자발적으로 참여하는 태도를 기를 수 있다.

교과 성취기준

- **[4사03-06]** 주민 참여를 통해 지역 문제를 해결하는 방안을 살펴보고, 지역 문제의 해결에 참여하는 태도를 기른다.
- **[4국03-03]** 관심 있는 주제에 대해 자신의 의견이 드러나게 글을 쓴다.

수업의 흐름

활동 순서	활동 안내	자료 및 참고 사항
도입 (10분)	• 영상 시청하기 • 학습 목표 및 학습 활동 확인하기	• 활동지, 동영상
전개 (40분)	• 우리 동네에서 발견할 수 있는 쓰레기 문제에는 무엇이 있을지 아이디어 떠올리기 • 아이디어를 종합하여 모둠별 수사 계획서 작성하기	• 활동지, PPT - 각 모둠이 적절한 수사 계획을 세울 수 있도록 안내하기
정리 (10분)	• 우리 모둠이 세운 수사 계획 발표하기 • 모둠별로 계획한 수사 방법에 따라 주어진 기간 동안 문제 탐구하기(과제)	• 모둠별로 작성한 수사 계획서

평가 계획

상	– 모둠원들과 적극적으로 소통하여 우리 동네 쓰레기 문제를 탐구하기 위한 모둠별 수사 계획서를 작성한다. – 우리 모둠이 정한 쓰레기 문제를 조사하는 활동에 자발적으로 참여하여 자신의 역할을 다한다.
중	– 우리 동네 쓰레기 문제를 탐구하기 위한 모둠별 수사 계획서를 작성한다. – 우리 모둠이 정한 쓰레기 문제를 조사하는 활동에 자신의 역할을 다한다.
하	– 우리 동네 쓰레기 문제를 탐구하기 위한 모둠별 수사 계획서 작성 및 조사 활동에 참여하지 않거나 소극적이다.

활동 순서와 방법

도입 활동

1 동기 유발을 위해 쓰레기 관련 환경 문제 실태를 고발한 영상을 학생들과 함께 시청한다.

2 영상에서 알아본 환경 문제와 조사 방법, 조사 과정 및 결과 등은 활동지에 정리하여 기록한다.

3 학습 목표 및 학습 활동을 안내한다.

전개 활동 1

1 우리 모둠이 어떤 쓰레기 문제를 수사할지 탐구 장소부터 탐구 문제, 탐구 방법을 개별적으로 떠올린다.

2 탐구 장소는 집, 학교, 상가 등을 큰 주제로 생각그물을 그리며 떠올리고, 떠올린 장소에서 조사할 수 있는 쓰레기 문제에는 무엇이 있을지 질문 형태로 기록한다.

3 인터뷰하기, 제품을 구입하여 확인하기, 장소 주위 탐색하기, 인터넷이나 책 등을 이용하여 조사하기 등의 방법을 안내하고, 주어진 탐구 문제에 가장 적절한 수사 방법은 무엇일지 PPT 속 퀴즈를 통해 확인한다. 경우에 따라 수사 방법은 한 가지일 수도 있고 여러 가지일 수도 있다.

✋ Tip

▶ 탐구할 문제는 '장소'와 '쓰레기' 관련 키워드를 정하면 쉽게 문장을 완성할 수 있어요. 예를 들어, '우리 아파트 분리수거장에 플라스틱이 제대로 분리배출되고 있을까?', '우리 학교 안에 버려진 쓰레기는 모두 몇 개일까?', '마트에 과대포장된 제품에는 무엇이 있을까?' 등의 문장을 완성할 수 있지요. 지금은 최대한 다양한 아이디어를 떠올리는 시간이니 개별 활동으로 진행해요.

전개 활동 2

앞서 떠올린 아이디어 중 가장 조사하고 싶은 문제를 한 가지 정해 모둠별로 활동지 속 수사 계획서를 작성한다.

① 먼저 우리 모둠의 수사대 이름을 결정한다.

② 우리 모둠이 알아볼 문제를 한 가지 결정한다.

③ 수사 목적, 수사 방법, 수사 계획을 작성하고 필요한 준비물을 정한다.

④ 수사 계획에는 '요일, 시간, 구체적인 장소, 역할 분담' 등이 자세히 드러나도록 적는다.

⑤ 주어진 기간 동안 수사를 진행하며 발견한 사실을 수사 결과란에 기록한다.

❤ Tip

▶ 모둠별로 수사 계획서를 작성하는 데에 20분 이상의 시간이 소요돼요. 수사대 이름과 탐구 문제를 정하는 것 이외에도 교실 바깥에서 조사 활동이 진행되는 만큼 시간 약속과 역할 분담을 하는 데에 충분한 시간이 필요해요.

▶ 교사는 학생들이 조사 가능한 문제를 설정하고 실행 가능한 계획을 세우는지 돌아다니며 확인해요. 또한 '과대포장 제품 구입'과 같이 비용이 드는 방법을 선택한 경우 적절히 개입하여 문제를 조정해야 해요. 실제로 우리 반에서는 1인당 3~5개의 과자를 자신의 용돈으로 구입하여 조사하겠다는 모둠이 있어 부모님의 허락하에 1~3개의 과자만 구입하는 것으로 제한하였어요.

정리 활동

1 각 모둠에서 수사할 쓰레기 문제와 수사 계획을 발표한다. 남은 시

간에 따라 간략하게 진행할 수 있다.

2 모둠마다 주어진 기간 내에 성실히 문제를 조사해 오기로 약속한다.

❤ **Tip**

▶ 평일에는 학생들이 학교와 학원 일정으로 시간 내기가 어려우므로 저는 수사 계획서 작성 이후 두 번의 주말을 보낼 수 있을 만큼의 조사 기간을 제시하여 과제로 내주었습니다.

수업 진행 팁 ────

• '우리 동네 쓰레기 수사대' 활동을 다른 교과와 연계하여 이어나갈 수 있습니다. 우리 반의 경우 수사 결과를 수학 교과와 연계하여 막대 그래프로 표현한 뒤 전 모둠이 발표하였습니다. 다음으로 국어 교과와 연계하여 우리 동네 쓰레기 문제를 해결하기 위한 방안을 제시하는 글을 작성해 동네 곳곳에 부착하였습니다.

• 우리 반은 '우리 동네 쓰레기 수사대' 활동뿐 아니라 쓰레기 줍기 활동의 일환으로 교내 플로깅(조깅을 하면서 쓰레기를 줍는 행위)을 매년 진행하고 있습니다. 환경 물품 예산으로 긴 집게를 여러 개 구입하여 교실에 구비해 두면 쓰레기 관련 활동에 사용할 수 있습니다.

수업 후기

• 저는 4학년 학생들과 함께 해당 수업
을 진행하였습니다. 수사 계획을 열정적
으로 세우던 학생들은 주어진 열흘 동안
최선을 다해 쓰레기 문제를 조사해 왔습
니다. 수사 당시 동네 놀이터나 산책로에
떨어진 쓰레기를 모두 주우니 모둠별로
100~200여 개가 나왔다고 해요. 주워도
주워도 끝이 없는 쓰레기를 눈으로 목격
했기에 환경 문제가 얼마나 심각한지 더 와닿은 것 같습니다. "이로써
저희는 쓰레기 문제가 심각하다는 것을 알고, 환경을 소중하게 생각하
는 마음을 기를 수 있었습니다."라고 발표한 모둠의 소감이 오래도록
마음에 남았습니다.

• 학생들의 삶과 밀접한 환경 교육을 고민하던 저에게도 이 수업은
의미가 컸습니다. 그 이유는 학생들의 변화를 체감했기 때문인데요.
한 모둠은 수업 이후에도 쓰레기 줍기 활동을 이어나가겠다고 하였습

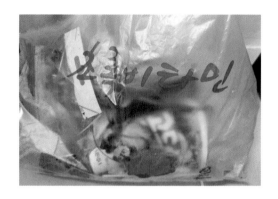

니다. 당시 학교에서는 방과 후 학생들의 안전 관리를 위해 학부모 폴리스가 만들어졌는데, 자신들은 동네 쓰레기도 줍고 쓰레기를 함부로 버리는 사람들에게 경고도 하는 '어린이 폴리스'를 만들겠다면서 실제로 금요일마다 활동을 시작하였습니다. 그리고 한 친구는 집게 4개를 직접 구입했다고 해요. 아파트 분리수거일에 맞춰 온 가족이 쓰레기를 줍겠다고 다짐한 것이죠. 환경을 위해 우리가 애써야 한다고 강요하지 않고서도 자발적으로 행동하게 만드는 힘이 이 수업에 있었습니다.

20
쓰레기의 도착지

👶 **대상 학년** 4~6학년　　🔥 **소요 시간** 80분

우리는 매일 쓰레기를 만듭니다. 우리가 만드는 쓰레기는 모두 어디로 갔을까요? 눈앞에서 말끔하게 사라지는 쓰레기는 당장은 이 세상에서 없어진 것처럼 보이지만 결국 지구에 쌓이고 쌓여 영원히 지구 생태계에 영향을 끼칩니다. 이번 수업을 통해 사라진 쓰레기의 도착지를 탐구하고, 쓰레기 매립지 선정의 불평등한 구조를 직접 느끼며 친환경적 의사결정의 주체가 되어봅시다.

학습 목표 ──

• 내가 만드는 쓰레기(폐기물)가 환경에 미치는 영향을 이해하여 의사 결정을 할 수 있다.
• 불평등한 쓰레기 매립지 선정 과정을 이해하고, 매립지 선정의 새로운 기준을 마련하여 선택할 수 있다.

교과 성취기준

- **[4사03-06]** 주민 참여를 통해 지역 문제를 해결하는 방안을 살펴보고, 지역 문제의 해결에 참여하는 태도를 기른다.
- **[6실03-04]** 쾌적한 생활공간 관리의 필요성을 환경과 관련지어 이해하고 올바른 관리 방법을 계획하여 실천한다.
- **[6과05-03]** 생태계 보전의 필요성을 인식하고 생태계 보전을 위해 우리가 할 수 있는 일에 대해 토의할 수 있다.
- **[6도03-02]** 공정함의 의미와 공정한 사회의 필요성을 이해하고, 일상생활에서 공정하게 생활하려는 실천 의지를 기른다.

수업의 흐름

활동 순서	활동 안내	자료 및 참고 사항
도입 (15분)	• '내가 쓰레기가 된다면?' 상상 일기 써보기 • 자신이 만든 쓰레기가 어떻게 처리되는지 관심 갖기	• 활동지
전개 1 (20분)	• 쓰레기가 처리되는 3가지 과정(매립, 소각, 자원화)의 개념과 환경에 미치는 영향 이해하기 • 긍정적인 쓰레기 처리 방법에 대해 모둠별로 의견 공유하기	• 활동지 – 학생이 쓰레기 처리 방법을 스스로 생각해 볼 수 있도록 발문 제시
전개 2 (30분)	• 쓰레기 매립지 선정 게임 하기 – 가위바위보로 쓰레기 매립지 선정하기 – 공정한 매립지 선정 기준 세우기 – 선정된 매립지를 위한 대책 마련하기	• 활동지
정리 (15분)	• 수업을 통해 변화한 점 발표·공유하기 • 실천 다짐하기	– 학습 후 과제 형식으로 운영 가능

평가 계획

상	쓰레기(폐기물)가 환경에 미치는 영향을 이해하고, 불평등한 쓰레기 매립지 선정 과정을 해결할 수 있는 새로운 매립지 선정 기준을 마련하여 친환경적 선택을 할 수 있다.
중	쓰레기(폐기물)가 환경에 미치는 영향을 이해하지만, 불평등한 쓰레기 매립지 선정 과정을 해결할 수 있는 새로운 매립지 선정 기준을 마련하여 친환경적 선택을 하는 데 어려움이 있다.
하	쓰레기(폐기물)가 환경에 미치는 영향을 이해하지 못하고, 불평등한 쓰레기 매립지 선정 과정을 해결할 수 있는 새로운 매립지 선정 기준을 마련하여 친환경적 선택을 하는 데 어려움이 있다.

활동 순서와 방법

도입 활동

1 학생이 하루 동안 학교에서 만든 쓰레기 가운데 한 가지를 선택하여 '내가 쓰레기 된다면' 어떻게 처리될지 고민해 상상 일기를 쓴다.

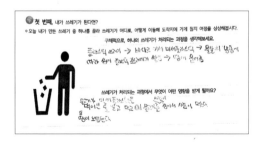

2 자신이 만든 쓰레기가 미래 우리 사회에 어떤 영향을 미칠지 발표한다.

💙 Tip

▶ 학생 개인이 만든 쓰레기가 없는 경우에는 모둠원들의 쓰레기 중 하나를 선택할 수 있도록 해요.

▶ 모둠별로 학생들이 다양한 쓰레기를 선택할 수 있도록 하면 쓰레기가 처리되는 다양한 방법을 언어화하는 기회로 삼을 수 있고, 쓰레기 처리에 관한 학생들의 선지식을 확인할 수 있어요.

전개 활동 1

1 쓰레기를 처리하는 3가지 방법인 매립, 소각, 자원화의 의미와 과정에 대해 알아본다.

2 각각의 방법으로 처리되는 쓰레기가 환경에 미치는 영향을 살펴본다.

3 자신이 생각하는 효과적인 쓰레기 처리 방법에 대해 모둠별로 의견을 공유한다.

💙 Tip

▶ 현재 우리나라와 타국의 폐기물 처리 현황을 제시하여 비교하는 방법을 추천해요. 학생 스스로 긍정적인 폐기물 처리 방법에 대해 통계 자료, 뉴스 기사 등을 이용해 의견을 나눌 수 있도록 해요.

▶ 물건은 생산, 유통뿐만 아니라 폐기에도 에너지가 사용돼요. 쓰레기 처리 방법을 소개하는 것에 그치지 않고 처리하는 과정에서 쓰레기가 다시 환경에 영향을 미친다는 것을 안내해 주세요.

전개 활동 2

1 쓰레기 매립 과정에서 일어날 수 있는 갈등에 대해 생각해 본다.

2 쓰레기 매립지 선정을 위한 게임을 진행한다.

① 모둠원이 하루 동안 모은 쓰레기를 묻을 매립지를 선정한다는
상황을 설정한다.

② 4명으로 구성된 모둠에서
가위바위보를 하여 매립지
를 선정한다.

③ 가위바위보에서 진 학생에
게 오늘 모둠 내에서 만들
어진 모든 쓰레기를 준다.

④ 쓰레기를 받은 학생과 준
학생 모두 돌아가며 소감을
발표한다.

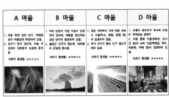

⑤ 가위바위보를 통한 불공정
한 쓰레기 매립지 선정을
경험한 뒤, 학생들은 활동지
속 4개의 마을 카드 중 하나
를 무작위로 뽑는다.

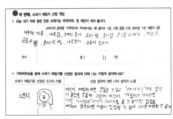

⑥ 4개의 마을 카드에는 각각 인구 설정, 산업 및 생활 방식, 쓰레
기 배출량이 다르게 적혀 있다. 해당 상황을 고려하여 학생들이
다시 매립지를 선정할 수 있도록 한다. 단, 이번에 선정하는 매
립지는 대화를 통해 기준을 합의하도록 한다.

⑦ 활동지에 선정 기준을 적고, 왜 그 기준을 고려해야 하는지 이 유를 적을 수 있도록 한다.

⑧ 마지막으로 매립지로 선정된 마을을 위한 대책을 마련한다.

✤ Tip

▶ 해당 수업은 쓰레기를 활용하는 수업이므로 주변이 지저분해질 수 있어 하루 중 마지막 수업 시간에 진행할 것을 권장해요.

▶ 가위바위보로 쓰레기 매립지를 선정할 때 매립지로 선택된 학생의 감정이 상하지 않도록 활 동의 목적에 대해 충분히 설명해야 해요. 실제로 매립지를 선정하는 과정에서도 쓰레기 배출 량을 충분히 고려하지 않고 선정되는 경우가 많다는 것을 안내해 주세요.

▶ 어떤 마을을 매립지로 선정하는 것이 마을 전체를 만족시키고, 지구 환경을 고려한 선택인지 의견을 충분히 공유할 수 있도록 해요. 활동 시간을 여유 있게 주세요.

정리 활동

1 우리가 버리는 쓰레기의 도착지에 대해 처음 작성한 상상 일기와 수업을 통해 알게 된 내용을 비교하여 변화와 소감을 발표한다.

2 쓰레기를 처리하는 과정이 타인과 공동체에 미치는 영향을 알아 보며 쓰레기를 줄이기 위한 지속적인 실천을 약속한다.

✤ Tip

▶ 도입에서 활용한 상상 일기를 고쳐 쓰는 방식으로 수업으로 변화된 자신을 발견하도록 활동 을 구성할 수 있어요. 수업 전과 비교하여 보이지 않았던 많은 이해관계를 생각하며 친환경적 의사결정을 할 수 있어요.

수업 후기

• 학급과 학교에는 많은 사람이 공동체 생활을 하는 만큼 날마다 많은 쓰레기가 발생합니다. 분리배출이 가능한 종이, 페트병, 캔뿐만 아니라 그대로 소각되거나 매립되는 일반 쓰레기도 많지요. 우리가 버린 쓰레기가 어디로 가는지 제대로 알지 못하면 '쓰레기를 줄이자'라는 주장은 의미를 알지 못한 채 행동의 교정만을 바라는 도덕 수업이 되고 맙니다.

• 우리가 버린 쓰레기가 실제로 어디에 도착하는지 아이들과 탐구, 관찰하다 보면 아이들은 쓰레기를 만드는 행위가 지구 공동체에 어떤 영향을 미치는지 자연스럽게 이해합니다. 소각과 매립뿐만 아니라 자원화를 하는 과정에서도 에너지 소비와 기타 활용 자원이 필요하다는 사실 역시 연관 지어 이해하며 학생들은 쓰레기를 줄이는 행동에 대한 자신만의 이유를 만들어보았습니다.

• 쓰레기 매립지 선정을 둘러싼 갈등과 불평등은 간단한 게임으로 직접 경험해 보았습니다. 가위바위보라는 평등하지 않은 과정으로 쓰레기 매립지가 된 학생의 경우에는 속상해하며 당사자가 느꼈을 감정에 더욱 쉽게 감정 이입을 하였습니다. 그 후 평등하게 친환경적 의사결정을 하고, 대책을 마련해 보는 과정을 통해 학급에는 작지만 힘 있는 변화가 시작되었습니다. 이면지를 사용하고, 학용품에 이름을 쓰고, 생수병 대신 텀블러를 사용하는 작은 습관으로 인해 아이들의 도착지는 조금 달라질 것입니다.

지구를 생각하는
40가지 초등 수업 이야기

Part 3
가을
Autumn

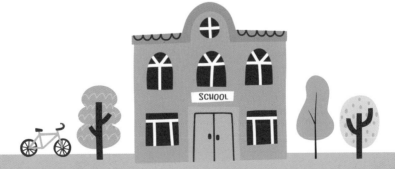

21
오존층 보호를 위한 의정서 만들기

👦 **대상 학년** 3~6학년   🏛 **소요 시간** 40분

초등학교 캠페인 또는 포스터의 단골 주제였던 '오존층 보호'. 어느새 매스컴에서도, 학교 현장에서도 오존층에 대해 다루는 일이 적어졌습니다. 그 이유는 몬트리올 의정서가 채택된 이후 그것을 지킨 여러 국가의 노력 덕분에 오존층이 회복되고 있기 때문입니다.

기후 위기라는 절체절명의 위기를 겪고 있는 지금, 전 세계가 오존층 문제처럼 기후 위기 문제를 다룬다면 문제 해결의 희망이 보이지 않을까요?

학습 목표 ————

• 오존층 문제를 통해 환경 문제의 특성에 대해 이해한다.
• 오존층 문제 완화의 모습을 보며 환경 문제를 해결하기 위한 방법을 떠올릴 수 있다.

• 환경 문제를 해결하기 위한 방안을 삶 속에서 실천하며 노력할 수 있다.

교과 성취기준 ───

• **[4도04-01]** 생명의 소중함을 이해하고 인간 생명과 환경 문제에 관심을 가지며 인간 생명과 자연을 보호하려는 태도를 가진다.

• **[4도01-02]** 시간과 물건의 소중함을 알고 자신이 시간과 물건을 아껴 쓰고 있는지 반성해 보며 그 모범 사례를 따라 습관화한다.

• **[4도03-01]** 공공장소에서 지켜야 할 규칙과 공익의 중요성을 알고, 공익에 기여하고자 하는 실천 의지를 기른다.

• **[4국01-02]** 회의에서 의견을 적극적으로 교환한다.

• **[4과16-03]** 지구 주위를 둘러싸고 있는 공기의 역할을 예를 들어 설명할 수 있다.

• **[6국01-02]** 의견을 제시하고 함께 조정하며 토의한다.

• **[6사08-05]** 지구촌의 주요 환경 문제를 조사하여 해결 방안을 탐색하고, 환경 문제 해결에 협력하는 세계시민의 자세를 기른다.

• **[6도03-04]** 세계화 시대에 인류가 겪고 있는 문제와 그 원인을 토론을 통해 알아보고, 이를 해결하고자 하는 의지를 가지고 실천한다.

• **[6과05-03]** 생태계 보전의 필요성을 인식하고 생태계 보전을 위해 우리가 할 수 있는 일에 대해 토의할 수 있다.

수업의 흐름

활동 순서	활동 안내	자료 및 참고 사항
도입 (5분)	• 가상 뉴스 특보 보기 • 공부할 문제 및 순서 확인하기	• PPT
전개 1 (10분)	• 첫 번째 미션 : 오존층이 무엇인지 알아내라! – 영상을 시청하며 오존층이 무엇인지 알기	• 활동지, PPT, 동영상
전개 2 (7분)	• 두 번째 미션 : 1987년의 의정서가 무엇인지 알아내라! – 몬트리올 의정서의 내용과 효과 알기	• 활동지, PPT
전개 3 (15분)	• 세 번째 미션 : 환경 문제 해결 방법을 생각하라! – 환경 문제의 특성을 알고 '우리 반 의정서' 만들기	• 활동지, PPT, 포스트잇
정리 (3분)	• '우리 반 의정서'를 읽고 손도장으로 다짐하기	• 도장 인주

평가 계획

상	오존층 문제를 탐구하며 환경 문제의 특성을 알고 환경 문제를 해결하기 위한 실천 의지를 기를 수 있다.
중	오존층 문제를 탐구하며 환경 문제의 특성을 알고 환경 문제를 해결하기 위한 방법을 말할 수 있다.
하	오존층 문제를 탐구하며 환경 문제의 특성을 이해하고, 환경 문제를 해결하기 위한 방법을 말하는 데 어려움을 겪는다.

활동 순서와 방법

도입 활동

오존층과 몬트리올 의정서를 파괴함으로써 지구를 정복하려는 외계인이 검거되었다는 PPT 속 가상 뉴스를 통해 학생들의 호기심을 유발하고 이를 통해 오존층과 몬트리올 의정서가 무엇인지에 대해 궁금증을 가지도록 한다.

🌱 Tip

▶ 오존층 관련 기사, 오존층 보호 포스터를 보여주는 것도 좋은 동기 유발이 될 수 있어요.

전개 활동 1

영상을 시청하고 활동지를 작성하며 자외선과 오존층이 무엇인지, 왜 오존층이 생태계에 중요한지에 대해 알 수 있도록 한다.

🌱 Tip

▶ 고학년의 경우, 영상을 시청하기 전 자외선과 오존층이 무엇인지 디지털 기기를 활용하여 스스로 찾아보는 조사학습을 진행할 수 있어요.

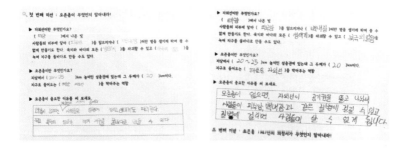

전개 활동 2

몬트리올 의정서의 내용을 알아보고 오존층 회복과 어떤 관계가 있는
지를 생각하여 활동지에 적어본다.

♥ Tip

▶ 중학년의 경우 의정서의 뜻을 설명하더라도 어렵다고 느낄 수 있기 때문에 대체할 수 있는 단
  어(계약서, 다짐문 등)를 제시해 줄 수 있어요.

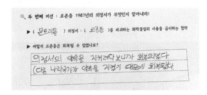

전개 활동 3

오존층 사례를 통해 환경 문제가 가지는 특성을 파악하고, 환경 문제
에서 협동과 연대가 가지는 힘을 인지하여 '우리 반 의정서'를 만든다.

♥ Tip

▶ 학생들이 환경 규칙을 생각하기 어려워한다면 간단한 퀴즈를 통해 환경적인 행동과 그렇지
  않은 행동을 선택해 보는 활동을 하며 환경적인 활동을 떠올릴 수 있도록 해요.
▶ 포스트잇을 활용하여 환경 다짐을 떠올려보고 같거나 비슷한 것은 묶어 규칙을 만들어요.

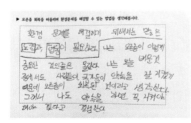

정리 활동

우리 반 의정서를 다 같이 읽고, 약속의 손도장을 찍은 뒤 학급에 게시한다.

🍂 Tip

▶ 의정서의 내용 중 우리 학년 수준에서 지키기 힘든 것이 있는지 하나씩 확인해 보고 반 모두의 동의를 구한 후, 의정서 내용으로 정해요.

수업 후기

• 오존층 문제를 통해 아이들에게 전달하고 싶은 메시지는 두 가지였습니다. 환경 문제는 한 번 일어나면 회복되는 데 많은 시간이 필요하기 때문에 더 이상 환경을 훼손하는 문제가 일어나서는 안 되며, 환경 문제를 해결하기 위해서는 여러 국가가 약속하고 더 나아가 그 약속을 지켜내야만 한다는 점이었습니다. 매일 매스컴을 통해 보도되는 절망적인 소식처럼 할 수 없다는 좌절감 대신 우리는 해낸 적이 있고 앞으로도 할 수 있다는 희망을 주고 싶었습니다.

• 몬트리올 의정서를 지킨 국가들처럼 우리 반 개인의 노력이 모여 여럿의 노력이 되면 그 효과가 커지게 될 수 있으므로 같은 반 친구들

과 환경 의정서를 만들어 약속하는 활동을 진행하였습니다. 그 이후, 학생들은 자원과 에너지를 아끼기 위해 급식 시간 전 교사가 이야기 하지 않아도 전등과 에어컨을 끄거나 활동지를 여러 장 복사해 달라 는 말 대신 지우개로 열심히 지워 재사용하는 모습을 보이기도 했습 니다.

22
농장 동물들의 권리 찾기

👶 **대상 학년** 4~6학년　　🏛 **소요 시간** 40분

'동물 농장' 하면 어떤 모습이 떠오르나요? 넓고 푸른 들판을 자유롭게 뛰어놀며 자라는 동물들의 생활이 떠오릅니다. 그러나 현실은 어떨까요? 소, 돼지, 닭 등이 좁은 축사에 한데 모여 다닥다닥 붙은 채 사람이 주는 사료만 먹고 삽니다. 이런 공장식 축산업이 행해지고 있는 이유는 대량 생산의 효율성 때문입니다.

우리가 만약 우리 몸 크기만 한 틀에 갇혀서 나의 의지와는 상관없이 주는 대로 먹기만 하고 몸의 방향을 바꾸는 것조차 어려운 공간에서 평생을 살아야 한다면 어떨까요?

이번 수업에서는 오직 인간의 욕구를 충족하기 위해 운영되고 있는 농장 환경을 살펴보고 동물복지의 개념을 이해합니다. 농장 동물들의 동물권을 위해서 어떤 변화의 움직임이 있는지, 우리가 어떤 일을 할 수 있는지 함께 고민해 보아요.

학습 목표

- 세계 농장 동물의 날이란 무엇인지 알고 농장 동물의 사육 환경을 이해한다.
- 동물복지에 대해 알아보고 농장 동물들의 행복한 삶을 위해 우리가 할 수 있는 일을 이야기한다.

교과 성취기준

- **[4도04-01]** 생명의 소중함을 이해하고 인간 생명과 환경 문제에 관심을 가지며 인간 생명과 자연을 보호하려는 태도를 가진다.
- **[6과05-03]** 생태계 보전의 필요성을 인식하고 생태계 보전을 위해 우리가 할 수 있는 일에 대해 토의할 수 있다.
- **[6실04-01]** 가꾸기와 기르기의 의미를 이해하고 동식물 자원의 중요성을 설명한다.

수업의 흐름

활동 순서	활동 안내	자료 및 참고 사항
도입 (10분)	• 그림책《돼지 이야기》를 읽으며 대표적인 농장 동물인 돼지의 삶을 살펴보기	• 그림책《돼지 이야기》또는 동영상

전개 (25분)	• 농장 동물의 삶 살펴보기(닭, 돼지, 소의 사육 환경) • 공장식 축산업의 문제점과 동물복지 이해하기 • 농장 동물의 삶, 그들을 위해 우리가 할 수 있는 일을 생각해 보기	• A4 용지 또는 신 문지(개별), 동영 상, '세계 농장 동 물의 날' 계기 교 육 자료(지구하자 연구회), 포스트잇 – 학생들이 보기 힘 든 장면 사전 점검 하기
정리 (5분)	• 발표 및 의견 공유하기	• 동영상

평가 계획

상	농장 동물의 사육 환경의 문제점과 동물복지를 이해하고, 농장 동물의 행복한 삶을 위해 우리가 할 수 있는 일을 제시한다.
중	농장 동물의 사육 환경의 문제점과 동물복지의 개념을 이해하나 농장 동물의 행복 한 삶을 위해 우리가 할 수 있는 일을 제시하는 데 어려움을 느낀다.
하	농장 동물의 사육 환경의 문제점과 동물복지의 개념을 이해하는 데 어려움을 느낀 다.

활동 순서와 방법

도입 활동

1 그림책《돼지 이야기》를 읽고 대표적인 농장 동물인 돼지의 축사
환경을 살펴본다.

2 학습 목표를 안내한다.

❤ Tip

▸ 그림책을 직접 준비하여 실물 화상기로 살펴보거나 출판사에서 제공하는 영상을 재생하고 텍스트 부분을 교사가 읽어줘요.

전개 활동 1

1 농장 동물의 삶을 '가라사대' 게임을 통해 이해한다.

　① 한 명씩 A4 용지 또는 신문지 위에 올라서서 벗어나지 않고 '가라사대'를 붙여 말하는 선생님의 지시어에 따른다.

　② 선생님이 '가라사대'라고 말하지 않았는데 지시어를 따른 학생들은 딛고 선 종이의 크기를 절반씩 줄이며 게임에 참여한다.

　③ 좁은 종이 위에서 행동의 제약과 불편함을 느끼며 농장 동물의 삶을 간접적으로 경험한다.

2 돼지, 닭, 소 등 농장 동물들의 생활 모습을 영상을 통해 확인한다.

3 '세계 농장 동물의 날' 계기 교육 자료(지구하자 연구회)를
활용하여 공장식 축산의 문제점과 동물복지에 대해 학
습한다. 특히 우리가 쉽게 살펴볼 수 있는 계란의 난각번
호를 통해 닭의 사육 환경에 따른 동물복지 계란에 대해 알아본다.

✿ Tip

▶ '가라사대' 게임의 목적은 좁은 공간에서의 제한된 움직임으로 인한 불편함을 통해 농장 동물
의 삶을 느끼는 것임을 활동 전 정확히 안내해요.

▶ 학생들은 계란을 통해 생활 속에서 동물복지에 대해 직접적으로 확인할 수 있어요. 집에 있는
계란과 마트 계란의 난각번호를 확인해 보면 이 계란을 낳은 닭의 사육 환경을 확인해 볼 수
있지요. 우리가 먹고 있는 계란은 어떤 계란인지 집에서 직접 확인해 보도록 해요.

▶ 농장 동물 영상의 경우 잔인한 장면이 포함될 수 있어 반드시 교사가 사전 점검한 뒤 수업 자
료로 활용하도록 해요.

전개 활동 2

농장 동물의 삶에 대해 새롭게 알게 된 것, 그들을 위해 할 수 있는 일
등에 대해 포스트잇에 적고 공유 게시판에 붙인다.

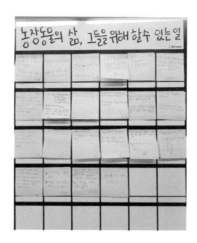

정리 활동

1 포스트잇의 내용을 함께 읽어보며 오늘 수업 소감을 나눈다.

2 동물복지와 관련된 영상을 보며 수업을 마무리한다.

수업 후기 ────

• 최근 가정에서 다양한 종류의 반려동물을 키우고 있는 학생들이 많아졌습니다. 또 여러 매체에서 유기견, 동물 학대 등이 많이 알려지며 동물복지와 동물권에 관한 이슈 또한 주목받고 있고요. 그러다 보니 학생들이 수업 내용에 더 집중하고 정서적으로 공감하고 감화되는 모습을 보였습니다. 하지만 수업 마무리에 아쉬운 점도 있었습니다. '그래서 우리는 어떻게 할 수 있을까?'에 대해 적고 이야기를 나누는 포스트잇 활동에서 "나 이제부터 고기 안 먹을 거야!"라고 말하는 아이들이 많았는데, 아이들이 수업 후에 즉흥적이고 가볍게 다짐하기보다는 좀 더 현실적인 방법으로 실천 행동을 고민할 수 있었으면 합니다. 가족들과 함께 육식 줄이기, 동물복지 계란 이용하기 등 동물복지 이슈 해결을 위해 좀 더 주체적이고 주도적인 선택을 논의해 볼 수 있기를 바랍니다.

• 농장 동물에 대해 정서적으로 공감하고 이해하는 수준에서 더 나아가기 위한 고민이 필요해 보입니다. 동물복지 이슈는 채식을 선택하는 이유 중 하나이기도 하며 여러 환경 문제와 연관 지어 접근할 수 있기에 장기적으로 다양한 수업으로 확장해 나갈 수 있을 것이라 기대됩니다.

🌳 알아두면 좋아요! _ 세계 농장 동물의 날

매년 10월 2일은 세계 농장 동물의 날입니다. 인간 중심으로 운영되고 있는 농장 동물의 생활과 이들이 겪는 고통을 알리고 개선해 나가고자 미국의 동물권 활동가 알렉스 허샤프트가 1983년에 지정한 날입니다. 수많은 농장 동물들이 오로지 대량 생산을 위하여 최소한의 생활 공간도 보장받지 못하고 밀집된 환경에서 기계적인 삶을 살아가고 있습니다. 그나마도 평균 수명대로 살지 못하고 도축장으로 끌려나가거나 상품성이 떨어지면 죽임을 당하곤 합니다. 상품성과 생산성을 위하여 품종 개량이 이루어지기도 하지요. 공장식 축산은 기후 변화와도 밀접한 연관이 있습니다. 농장 동물들의 생활 환경을 개선하고 동물복지를 실현하기 위한 움직임에 함께 동참해 봅시다.

23
과대포장, 멈춰!

🙂 **대상 학년** 3~6학년 　　⏱ **소요 시간** 80분

2014년 화제가 되었던 '과자 보트' 영상을 알고 계시나요? 이 영상은 두 명의 대학생이 약 150개의 과자 봉지로 제작된 '과자 보트'를 타고 한강을 횡단하는 실험이었는데 국내 제과업계의 과대포장을 비판하기 위한 퍼포먼스로 알려졌습니다. 그 외에도 일상을 편리하게 해주는 택배, 설날과 추석 같은 명절과 기념일에 우리는 식품과 물건의 훼손을 막고 상품성을 높이기 위해 많은 양의 포장재를 사용합니다. 특히 최근 몇 년간 코로나19 바이러스로 인해 위생과 안전에 더욱 신경 쓰게 되며 일회용 포장재 사용이 급증했고, 이는 심각한 환경 오염을 초래하고 있습니다. 과대포장을 줄이기 위해 어떤 방법을 활용할 수 있을까요? 인식하지 않으면 보이지 않는 과대포장에 대해 학생들과 함께 이야기해 보아요.

학습 목표

- 과대포장의 의미와 친환경 포장의 필요성을 알고 친환경 포장을 실천한다.

교과 성취기준

- **[4미02-04]** 표현 방법과 과정에 관심을 가지고 계획할 수 있다.
- **[6국01-02]** 의견을 제시하고 함께 조정하며 토의한다.
- **[6사08-05]** 지구촌의 주요 환경 문제를 조사하여 해결 방안을 탐색하고, 환경 문제 해결에 협력하는 세계시민의 자세를 기른다.
- **[6미02-01]** 표현 주제를 잘 나타낼 수 있는 다양한 소재를 탐색할 수 있다.
- **[6미02-05]** 작품 제작의 전체 과정에서 느낀 점, 알게 된 점 등을 서로 이야기할 수 있다.

수업의 흐름

활동 순서	활동 안내	자료 및 참고 사항
도입 (5분)	• 과대포장으로 인한 문제점 인식하기	

전개 1 (25분)	• 과대포장의 정의 알아보기 • 내 주변 과대포장 사례 찾아보기 – 과대포장을 하는 이유, 상황 인식하기 • 과대포장의 문제점 토의하기	• 동영상
전개 2 (45분)	• 과대포장을 친환경 포장으로 바꿔보기 • 친환경 포장 방법으로 선물 포장하기	• 동영상, 친환경 포장 준비물(휴지심, 신문, 잡지, 재활용품 등), 쇼핑백, 가위, 풀 등
정리 (5분)	• 친환경 포장의 장점을 찾고 실천 의지 다짐하기	• 허니콤 보드

평가 계획

상	과대포장의 의미와 친환경 포장의 필요성을 알고 친환경 포장을 실천한다.
중	친환경 포장을 실천할 수 있으나 과대포장의 의미와 친환경 포장의 필요성을 올바르게 인식하는 데 어려움을 겪는다.
하	과대포장의 의미와 친환경 포장의 필요성을 인식하지 못하며, 친환경 포장을 실천하는 데 어려움을 겪는다.

활동 순서와 방법

도입 활동

1 택배, 기념일과 명절 선물의 공통점을 통해 과대포장의 문제점을 인식하고, 과대포상이 어떤 문제가 있을지 브레인스토밍한다.

2 학습 목표를 안내한다.

전개 활동 1

1 영상을 통해 우리 주변의 과대포장 사례를 찾아보고 과대포장을 하는 이유가 무엇일지 생각해 본다.

2 영상을 시청하고 과대포장의 문제점에 대해 토의한 뒤 과대포장을 줄이기 위해 어떤 것을 할 수 있을지 발표한다.

과대포장이란?

1) 박스 크기에 비해 내용물이 지나치게 작은 경우

2) 불필요한 포장 또는 이중 삼중 포장을 한 경우

전개 활동 2

1 다양한 사진을 참고하여 과대포장을 친환경 포장으로 바꾸는 방법을 생각해 본다.

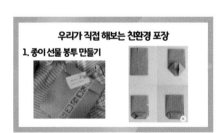

2 영상을 참고하여 쇼핑백과 휴지심을 재사용해 선물을 포장한다.

❤ Tip

▶ 쇼핑백과 휴지심을 제외한 나머지 재료들은 학교 내 학습준비물실에 있는 자투리 색종이나 색연필, 사인펜, 풀, 가위, 테이프 등을 사용하면 좋아요.

▶ 평소에 교실 내 자투리 색종이를 모을 수 있는 공간을 마련해 두고 이를 활용한다면 더욱 의미 있는 수업이 될 수 있어요.

▶ 학급 마니또 활동, 크리스마스 선물 교환 등 다양한 학급 활동에서 선물을 교환할 때 사용하거나, 어린이날, 졸업식 등 학생들에게 선물을 줄 때 학생들이 직접 만든 선물 봉투와 선물상자에 선물을 담아주면 좋아요.

정리 활동

친환경 포장의 장점에 대해 이야기를 나누고, 과대포장을 줄이기 위해 우리가 지킬 수 있는 것을 허니콤 보드에 적어 다짐해 본다.

수업 후기

• 평소 수업을 시작하면서 과대포장에 대해 들어본 적이 있거나, 알고 있는 학생을 조사해 보니 대부분의 학생들이 배달 용기 및 과자 포장 등에서 직접 경험해 보았다고 답하였습니다. 따라서 자연스럽게 일상생활 속 과대포장의 사례와 원인, 그리고 과대포장의 문제점을 찾는 흐름으로 수업을 진행할 수 있었습니다.

• 가정이나 학교에서 무언가를 포장해야 하는 경우가 생각보다 많은데, 이런 상황에서 학생들이 직접 쓰레기를 만들지 않는 친환경 포장을 실천할 수 있도록 활동을 구성하였습니다. 수업 후 학급 마니또 활동에서 마니또에게 선물을 줄 때 미리 수업에서 만들었던 선물 봉투나 상자를 활용할 수 있게 안내했습니다. 마음이 담긴 선물을 정성껏 포장하는 과정에서 주는 학생과 받는 학생 모두 의미 있고 기억에 남는 선물이 되었으리라 생각됩니다.

• 1학기 여름 방학식, 한 학생에게 편지와 직접 만든 장난감을 받았습니다. 정말 뿌듯했던 점은 편지와 장난감이 모두 수업 시간에 배웠던 친환경 포장을 활용해서 포장되어 있었다는 점이었습니다. 배운 것을 교실 안에서 끝내지 않고 직접 활용해 보는 모습이 기특했고 가르친 보람을 느낄 수 있는 순간이었습니다.

24
우리가 먹고 난 후에는?

👦 **대상 학년** 3~6학년　🧹 **소요 시간** 40분

민족의 대명절인 추석은 오랜만에 친지들을 만나고 정을 나눌 수 있는 즐거운 날임과 동시에 음식물 쓰레기가 20%나 증가하는 날이기도 합니다. 우리는 우리가 맛있게 먹고 남긴 음식이 어디로 가는지, 내가 먹는 음식이 어디서부터 오는지는 잘 알지 못합니다. 이 수업을 통해서 내가 남긴 음식은 어디로 향하고 자연에 어떤 영향을 미치게 되는지 알아봅니다.

학습 목표 ──

• 음식물 쓰레기 분리배출 방법에 대해 알 수 있다.
• 음식물 쓰레기 문제의 심각성을 알고 음식물 쓰레기를 줄이려는 의지를 다진다.

교과 성취기준

• **[4도04-01]** 생명의 소중함을 이해하고 인간 생명과 환경 문제에 관심을 가지며 인간 생명과 자연을 보호하려는 태도를 가진다.

• **[6사08-06]** 지속 가능한 미래를 건설하기 위한 과제(친환경적 생산과 소비 방식 확산, 빈곤과 기아 퇴치, 문화적 편견과 차별 해소 등)를 조사하고, 세계시민으로서 이에 적극 참여하는 방안을 모색한다.

수업의 흐름

활동 순서	활동 안내	자료 및 참고 사항
도입 (5분)	• 식생활과 탄소 배출의 관계 알기	
전개 1 (15분)	• '세상에서 가장 슬픈 괴물' 영상 시청하기 • 영상 내용 파악하기	• 활동지, 동영상
전개 2 (15분)	• '음식물 쓰레기 뭐, 문제 있어?' 영상 시청하기 • 음식물 쓰레기 분류 기준 알아보기 • '잠자는 코끼리' 게임으로 음식물 쓰레기 분류해 보기	• 활동지, '잠자는 코끼리' 게임 PPT, 모둠 칠판, 보드마카, 화이트 보드 지우개, 동영상
정리 (5분)	• 음식물 쓰레기를 줄이기 위한 다짐하기	• 활동지

평가 계획

상	음식물 쓰레기 분리배출 방법에 대해 자세히 알고 음식물 쓰레기를 줄이려는 다짐을 할 수 있다.

중	음식물 쓰레기 분리배출 방법에 대해 알고 음식물 쓰레기를 줄이려는 다짐을 할 수 있다.
하	음식물 쓰레기 분리배출 방법을 설명하는 것에 어려움을 느끼고 음식물 쓰레기를 줄이려는 다짐을 위해 노력이 필요하다.

활동 순서와 방법

도입 활동

전개 활동의 영상을 보기 전, '세상에서 가장 슬픈 괴물'이 무엇인지, 왜 음식이 괴물이 되었을지 생각해 보는 발문으로 이야기를 나눈다.

💜 Tip

▶ 이 수업의 전후에 음식물과 관련된 다른 환경 문제들을 알아보는 것도 추천해요. 재료 생산 과정에서의 탄소 배출, 수송 과정에서의 탄소 배출에 대해서 배운다면 쓰레기 발생 후 탄소 배출과도 자연스럽게 연계할 수 있어요.

▶ 이전 차시에서 할 수 있는 활동으로는 '저탄소 식단 만들어보기'를 추천해요. 5~6학년군 실과, 3~4학년군 미술과 연계할 수 있어요.

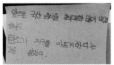

전개 활동 1

1 '세상에서 가장 슬픈 괴물' 영상을 시청한다.

2 영상을 시청한 후, 음식물이 쓰레기가 되는 이유와 음식물 쓰레기의 문제점을 활동지에 적는다.

전개 활동 2

1 음식물 쓰레기 처리 관련 영상을 시청한 뒤 음식물 쓰레기 분류 기준에 대해 안내하고 활동지를 작성한다.

2 모둠별로 '잠자는 코끼리' 게임을 진행해 음식물 쓰레기 중 버려도 되는 것과 아닌 것을 구분한다.

놀이 방법

① 모둠원들에게 개별 번호를 부여한다.

② 모두 엎드린 다음 자기 번호 차례에만 일어나 눈을 뜨고 PPT 화면에 제시된 제시어를 암기한다.

③ 모든 모둠 학생의 번호가 끝나면 모둠 칠판에 모여 자신이 암기한 제시어를 적고 그중 다른 종류 한 가지를 찾는다.

④ 여러 라운드를 진행하여 가장 많은 점수를 획득한 모둠이 승리한다.

♥ Tip

▶ '잠자는 코끼리' 게임의 목적은 음식물 쓰레기로 버려도 재활용될 수 없는 것들이 많음을 깨달아 음식물 쓰레기를 줄이는 것이 가장 올바른 해결 방법임을 알게 하는 것이에요.

정리 활동

음식물 쓰레기를 줄이기 위한 나의 다짐을 활동지에 쓰고 발표한다.

수업 후기 ——

아이들의 학교생활 중 가장 즐거운 시간은 아마도 급식 시간일 것입니다. 매일 식단표를 확인하고 어떤 메뉴가 가장 맛있는지, 어떤 요일의 급식이 가장 자신의 취향인지 공유하는 것이 아이들의 중요한 일과 중 하나이니까요. 하지만 자신의 취향에 맞는 반찬을 추가로 더 받은 뒤 버리는 일도 많습니다. 이 수업을 통해서 아이들은 도덕적인 원리로 음식물 쓰레기를 버리지 않아야 한다는 것에 더하여 우리가 음식물 쓰레기로 버리는 것 중 재활용될 수 없는 것이 많음을 깨달았고 그렇게 버려진 쓰레기가 탄소를 내뿜는다는 것을 알게 되었습니다. 이러한 생각이 실천으로 이어질 수 있도록 음식물을 남기지 않는 습관을 길러주는 수업을 후속 차시로 이어간다면 음식물 쓰레기를 줄이는 실천을 습관화·내면화 할 수 있을 것입니다.

25
환경을 생각하는 먹거리 소비자

👧 **대상 학년** 4~6학년　　🌱 **소요 시간** 40분

편의점에서 쉽게 살 수 있는 달콤한 초콜릿 쿠키는 어디서 왔을까요? 코코아 가루는 남아메리카에서, 소금은 중국에서, 우유 성분은 뉴질랜드에서, 밀가루는 유럽에서, 팜유는 동남아시아에서 왔습니다. 하나의 먹거리를 생산하는 데에도 전 세계에서 수입된 원재료가 필요하고, 먹거리를 생산, 이동, 소비하는 과정에서 굉장히 많은 양의 탄소가 배출되고 있습니다. 학생들과 함께 먹거리 소비자로서 환경을 생각하는 마음가짐을 배우고 생활 속에서 어떤 먹거리를 선택해야 할지에 대해 알아봅시다.

학습 목표 ——

- 먹거리의 생산-이동-소비 과정에서 발생하는 문제를 인식한다.
- 푸드 마일리지와 로컬 푸드에 대해 알고, 먹거리 소비자로서 가져야

할 자세를 생각하여 현명한 선택을 할 수 있다.

교과 성취기준 ────

- **[4사04-03]** 자원의 희소성으로 경제활동에서 선택의 문제가 발생함을 파악하고, 시장을 중심으로 이루어지는 생산, 소비 등 경제활동을 설명한다.
- **[6사08-06]** 지속 가능한 미래를 건설하기 위한 과제(친환경적 생산과 소비 방식 확산, 빈곤과 기아 퇴치, 문화적 편견과 차별 해소 등)를 조사하고, 세계시민으로서 이에 적극 참여하는 방안을 모색한다.

수업의 흐름 ────

활동 순서	활동 안내	자료 및 참고 사항
도입 (2분)	• 어떤 사과를 고를까요?	
전개 (35분)	• 아보카도를 통해 먹거리의 생산-이동-소비 과정에서의 문제점 알아보기 • 푸드 마일리지란? • 로컬 푸드란? • 탄소를 줄이는 먹거리 선택하기	• 활동지, 동영상
정리 (3분)	• 환경을 고려한 현명한 선택을 하고 느낀 점 공유하기	• 활동지

평가 계획

상	먹거리의 생산-이동-소비 과정에서 발생하는 문제를 알고, 푸드 마일리지를 낮추는 현명한 선택을 실천할 수 있다.
중	먹거리의 생산-이동-소비 과정에서 발생하는 문제를 인식하고 있지만 환경을 고려하는 선택을 실천하는 데 어려움을 겪는다.
하	먹거리의 생산-이동-소비 과정에서 발생하는 문제를 인식하지 못하며, 환경을 고려하는 선택을 실천하는 데 어려움을 겪는다.

활동 순서와 방법

도입 활동

1 맛, 색깔, 모양, 원산지, 가격이 다른 사과 중 어떤 사과를 고를 것인지 질문하고, 어떤 것을 소비할 때에는 여러 기준에 따라 선택할 수 있음을 설명한다.

2 학습 목표를 안내한다.

전개 활동

1 영상을 보고 아보카도를 통해 먹거리의 생산-이동-소비 과정에서의 문제점 및 경작 과정에서의 문제점에 대해 알아본다.

2 푸드 마일리지와 로컬 푸드에 대해 알아보고 푸드 마일리지 승가

의 단점과 로컬 푸드 소비의 장점에 대해 알아본다.

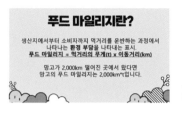

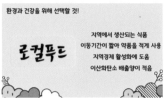

3 활동지의 메뉴판을 통해 살 수 있는 음식의 가격과 품목을 확인해 본 뒤 맛, 가격, 환경(푸드 마일리지) 등을 고려해 탄소를 줄이는 먹거리를 선택하고 활동지를 작성한다.

정리 활동

환경에 영향을 덜 주는 먹거리를 선택하기 위해 무엇을 고려해야 하는지 정리한 뒤 발표한다.

수업 후기 ———

먼 곳에서 오는 식품은 비행기나 배를 통해 운송되며 이 과정에서 화석 연료를 많이 사용하고 그만큼 온실가스를 많이 배출하게 됩니다. 또한 운송하는 동안 신선도를 유지하기 위해 방부 처리를 하여 건강에 좋지 않습니다. 학생들과 함께 지역에서 생산되는 로컬 푸드의 의미와 필요성을 알아보고 푸드 마일리지를 줄이는 선택을 실천해 봄으로써 먹거리 선택의 기준에 '환경'도 고려하는 기회를 제공하고 싶었습니다. 물론 모둠 내에서 환경보다 개인의 취향이나 맛을 더 고려한 모둠도 있었습니다. 그러나 이런 모둠이 선택의 결과를 정리하는 시간에 "환경을 많이 고려하지 못했다"라는 피드백을 낸 것만으로도 학생들에게 의미 있는 시간이었다고 생각합니다.

🌲 알아두면 좋아요! _ 푸드 마일리지

산지에서 생산된 식품(농산물, 축산물, 수산물 등)이 생산자의 손을 떠나 소비자의 식탁에 오르기까지 이동한 거리를 말해요. 푸드 마일리지의 값은 식품의 운송량(ton)에 이동거리(km)를 곱하여 계산하는데, 푸드 마일리지의 값이 클수록 먼 지역에서 생산된 식품을 소비하는 것이므로 배출되는 온실가스의 양은 많아지고, 긴 운송기간으로 인해 방부제 등이 사용되어 식품 안전성은 낮아져요.

🌳 알아두면 좋아요! _ 로컬 푸드

소비지 인근에서 생산된 농산물을 소비하자는 운동으로 반경 50Km 이내에서 생산된 지역 농산물을 말해요. 생산자와 소비자 간의 운송거리가 짧아 신선하고 안전한 먹거리를 공급받을 수 있고, 운송거리가 짧기 때문에 이산화탄소 발생량을 줄일 수 있다는 장점이 있어요.

26
동물 실험은 안 돼!

👦 **대상 학년** 4~6학년　　🏛 **소요 시간** 80분

우리가 마트나 약국에서 쉽게 구입할 수 있고 생활 속에서 안전하다고 믿고 사용하는 제품들이 탄생하기까지 어떤 과정을 거치는지 알고 있나요? 우리가 사용하는 화장품, 샴푸, 로션 등이 인체에 해롭지 않다는 것을 증명하기 위해 지금도 여러 분야에서 다양한 실험들이 진행되고 있는데, 그중 어떤 실험에는 동물이 이용되고 있습니다. 사람에게 직접 실험을 할 수 없으니 그 대안으로 동물들이 희생되고 있는 것이지요. 하지만 그 과정은 결코 윤리적이지 않습니다.

만약 여러분이 연구실, 실험실에서 제품의 안전성을 테스트하는 실험의 대상이 된다면 어떤 기분일까요? 이번 시간에는 동물 실험이 어떤 분야에 어떻게 이용되고 있는지 동물들의 입장이 되어 살펴보고, 동물 실험을 반대하는 움직임과 그 대안을 생각해 봅니다.

학습 목표 ———

• 동물 실험의 의미와 실태를 알아보고 문제점을 인식한다.
• 실험동물의 입장이 되어 동물들의 하루를 생각해 보고, 소중한 동물들의 안전하고 행복한 생활을 위해 우리가 할 수 있는 일을 찾아 실천한다.

교과 성취기준 ———

• **[4국05-04]** 작품을 듣거나 읽거나 보고 떠오른 느낌과 생각을 다양하게 표현한다.
• **[6국03-05]** 체험한 일에 대한 감상이 드러나게 글을 쓴다.
• **[6국05-05]** 작품에 대한 이해와 감상을 바탕으로 하여 다른 사람과 적극적으로 소통한다.
• **[4도04-01]** 생명의 소중함을 이해하고 인간 생명과 환경 문제에 관심을 가지며 인간 생명과 자연을 보호하려는 태도를 가진다.
• **[6실04-01]** 가꾸기와 기르기의 의미를 이해하고 동식물 자원의 중요성을 설명한다.
• **[6미01-04]** 이미지를 활용하여 자신의 느낌과 생각을 전달할 수 있다.

수업의 흐름

활동 순서	활동 안내	자료 및 참고 사항
도입 (15분)	• 동물 실험에 대해 다룬 공익 광고 포스터 살펴보기	• 동물 실험 공익 광고 포스터
전개 (50분)	• 《토끼는 화장품을 미워해》, 《닭답게 살 권리 소송 사건》 두 권의 책에서 실험동물 부분 함께 읽기 • 동물 실험에 사용되는 동물들의 실태와 분야 찾기 • 동물 실험 반대 인증 마크 알아보기 • 실험동물의 입장이 되어 실험동물의 하루 그림일기를 쓰고 나만의 동물 실험 반대(비건) 인증 마크 만들기	• 동화책 《토끼는 화장품을 미워해》, 《닭답게 살 권리 소송 사건》, 동영상, 활동지
정리 (15분)	• 친구들과 결과물 나누기 • 발표하고 소감 나누기	• 활동지

평가 계획

상	동물 실험의 의미와 실태를 통해 동물 실험의 문제점을 이해할 수 있으며 실험동물의 입장이 되어 하루 일기를 쓰고, 나만의 비건 인증 마크를 창의적으로 만들어 제안한다.
중	동물 실험의 의미와 실태를 통해 동물 실험의 문제점을 이해하나 실험동물의 입장이 되어 하루 일기를 쓰고 나만의 비건 인증 마크를 제안하는 데 어려움을 느낀다.
하	동물 실험의 의미와 실태를 통해 동물 실험의 문제점에 대한 이해와 실험동물의 입장을 공감하는 데 어려움을 느낀다.

활동 순서와 방법

도입 활동

1 동기 유발을 위해 토끼, 강아지, 돼지, 쥐, 원숭이 사진을 보여주고 이 동물들의 공통점에 대해 질문한다.

2 비글이 쓰러져 있는 공익 광고 포스터를 보여주며 어 떤 것을 의미하는지 질문하고, 오늘 학습할 내용을 살 펴본다.

3 학습 목표를 안내한다.

❤ Tip

▶ 동물 실험 수업 자료는 초등학생들이 보기에 다소 자극적이고 수위가 높은 사진들이 많이 있으니 교사가 미리 충분히 자료를 검색해 보고 선별해서 제공해야 해요.

전개 활동 1

1 동물 실험이란 무엇인지, 왜 동물 실험을 하는지 이해한다.

2 동화책《토끼는 화장품을 미워해》,《닭답게 살 권리 소송 사건》을 읽고 화장품을 만드는 데 동물들이 어떻게 이용되고 있는지 살펴본다.

3 영상을 보며 동물 실험의 다양한 분야와 실태를 추가 적으로 학습하고, 동물의 성분을 포함하지 않고 동물 실험을 하지 않는 비건 인증 마크에 대해 알아본다.

❤ Tip

▶ 시간 여유가 있다면 선생님께서 《닭답게 살 권리 소송 사건》 중 '토끼 1369번의 마지막 하루' 부분의 삽화를 보여주며 직접 읽어주시고, 시간이 빠듯하다면 《토끼는 화장품을 미워해》 중 8장 '토끼는 화장품을 미워해' 부분을 간단히 읽으면서 《닭답게 살 권리 소송사건》의 삽화 부분을 실물 화상기로 함께 보여주시면 좋아요. 이외에도 동물들의 권리와 동물복지를 주제로 한 동화책들이 많이 있으니 직접 읽어보시고 학급에 적절한 책을 선정해 주세요.

▶ 화장품 및 의약품 안전성 실험, 우주 항공 분야, 수술 연습, 해부학 등 다양한 분야에서 활용되는 국내외 비건 인증 마크의 종류와 의미에 대해 알아보고, 동물 실험 대신 기업에서 선택하고 있는 새로운 기술 등 다양한 예시를 준비해요.

전개 활동 2

1 동물 실험에 이용되는 실험동물의 입장이 되어 'ㅇㅇ의 하루' 그림 일기를 쓰며 동물들의 상황과 감정에 이입한다.

2 나만의 동물 실험 반대 인증 마크를 만들어본다.

💖 Tip

▶ 그림일기를 쓸 때는 동물 실험에 많이 이용되는 토끼, 비글, 쥐, 돼지 중 하나를 선택하여 날짜, 날씨 등은 자유롭게 표현하고 동물들의 입장에서 1인칭으로 서술하도록 해요. 일기의 첫 문장은 공통적으로 〈나는 ○○에 살고 있는 ○○다〉로 시작하도록 하는 것이 좋아요.

▶ 실제 비건 인증 마크의 다양한 예시를 보여주고 동물 실험을 반대한다는 메시지가 담길 수 있도록 자유롭게 디자인한 뒤 마크가 담고 있는 의미를 설명하도록 해요.

정리 활동

1 모둠별로 모둠원들이 쓴 실험동물의 하루 그림일기와 비건 인증 마크를 돌려 읽으며 인간 중심적인 생활을 되돌아본다.

2 모둠 발표 후 전체 발표를 통해 동물 실험의 문제점을 다시 한번 되새기고, 동물 실험을 하지 않는 방향으로의 연구 방법을 제안하고 활동지를 게시판에 전시하며 수업을 마무리한다.

💖 Tip

▶ 동물 실험을 하지 않음으로써 감수해야 할 불편함과 동물에게 미치는 긍정적인 영향을 함께 설명하며 인간과 동물이 함께 지속 가능한 생활을 할 수 있는 방향을 언급해 주세요.

수업 후기 ————

• 동물 실험의 기저에는 인간 중심적인 소비와 생산 구조가 있다고 생각합니다. 수업을 하며 인체에 안전하고 유익한 성분의 의약품을 개발하고 연구하는 것도 중요하지만, 이를 위해 동물들을 도구로 인식하고 희생시키는 과정에는 문제가 있으며 도덕적이지 못한 행동임을 강조하였습니다. 이와 더불어 우리의 생산과 소비 패턴의 변화가 필요하고 이를 생활 속에서 실천하는 것이 중요하다는 메시지를 전달했습니다.

• 사람들과 기업들의 인식이 변화하고 있음을 언급하는 것도 중요합니다. 우리 반 학생들은 "선생님, 비건 인증 마크가 있는 제품들은 동물 실험을 하지 않고 어떻게 제품들을 만들고 있나요?"라고 먼저 질문하기도 했습니다. 동물 실험 반대의 움직임과 동물 실험을 대체하고자 하는 현재의 노력들을 함께 다루며 동물과 인간이 함께 공존하며 행복하게 살아갈 수 있는 더 좋은 방법을 생각해 보도록 합니다.

🌳 알아두면 좋아요! _ 세계 실험동물의 날

매년 4월 24일은 영국 동물실험반대협회에서 제정한 세계 실험동물의 날입니다. 의약, 미용 등 여러 분야에서 이용되고 있는 비윤리적인 동물 실험을 중단하고 동물 실험 대신 인공 피부 조직과 같은 첨단 과학 기술로의 대체를 지향하고자 목소리를 내고 있습니다. 동물 실험을 당장 중단할 수는 없으니 '3R 원칙'을 지킬 것을 내세우고 있는데 3R 원칙은 비동물 실험으로의 대체(Replacement), 사용 동물의 수 축소(Reduction), 그리고 불가피하게 동물 실험 진행시 고통의 완화(Re-finement) 최대화를 위해 노력해야 한다는 것을 의미합니다. 불필요한 동물 실험을 줄이고 동물들의 행복을 지키기 위한 노력에 한 걸음 다가가 봅시다.

27
청소년 기후 행동 캠페인

😊 **대상 학년** 5~6학년　　🏫 **소요 시간** 80분

청소년들이 기후 위기 해결을 요구하며 거리로 나선 이유는 무엇일까요? 아마도 더 절박하기 때문일 것입니다. Z세대가 기후 행동에 적극적인 이유는 절박함과 당사자성 때문이라고 답한 인터뷰가 기억에 남습니다. 기성세대가 후손을 위해 자원을 절약해야 한다고 생각했다면, 청소년들은 후손을 걱정하기 이전에 자기 자신을 걱정하는 것입니다. 청소년 기후 행동의 적극적인 참여를 통해 기후 위기를 걱정하는 친구들과 함께 행동한다는 '연대감'을 느끼고, 나이에 상관없이 적극적으로 자신의 목소리를 낼 '용기'를 얻을 수 있도록 해주세요.

학습 목표

• 청소년 기후 행동의 사례와 이를 통해 청소년들이 바꾼 친환경적 요소들을 설명할 수 있다.

- 환경운동가가 되어 기후 위기에 대한 생각을 글과 그림으로 표현해 알릴 수 있다.

교과 성취기준 ———

- **[6국01-06]** 드러나지 않거나 생략된 내용을 추론하며 듣는다.
- **[6국03-04]** 적절한 근거와 알맞은 표현을 사용하여 주장하는 글을 쓴다.
- **[6미01-04]** 이미지를 활용하여 자신의 느낌과 생각을 전달할 수 있다.

수업의 흐름 ———

활동 순서	활동 안내	자료 및 참고 사항
도입 (10분)	• 그레타 툰베리의 UN 연설을 듣고, 그 연설을 들은 어른들은 어떤 생각을 했을지 적어보기	• 동영상, 활동지
전개 1 (40분)	• 청소년 기후 행동에 대해 알아보기 • 청소년들이 바꾼 친환경적 요소 찾아 정리하기 • 청소년 기후 행동에 참여한 학생들처럼 어른들에게 하고 싶은 이야기를 편지로 쓰기	• 스마트 기기, 활동지, 패들릿 QR코드 - 여러 나라의 청소년 기후 행동 사례와 그 영향을 자료로 제공하기
전개 2 (20분)	• 종이 팻말 문구 만들기 • 종이 팻말 만들기	• 활동지, 폐종이박스, 유성 매직이나 사인펜, 스카치테이프
정리 (10분)	• 종이 팻말 전시하여 캠페인 활동하기	• 활동 결과물

평가 계획 ———

상	청소년 기후 행동의 사례와 이로 인해 바뀐 친환경적 요소들을 설명할 수 있고, 기후 위기에 대한 생각을 글과 그림으로 표현해 알리는 활동에 적극적으로 참여한다.
중	청소년 기후 행동의 사례와 이로 인해 바뀐 친환경적 요소들을 설명할 수 있고, 기후 위기에 대한 생각을 글과 그림으로 표현해 알리는 활동에 참여한다.
하	청소년 기후 행동의 사례와 이로 인해 바뀐 친환경적 요소들을 부분적으로 설명할 수 있고, 기후 위기에 대한 생각을 글과 그림으로 표현해 알리는 활동에 참여한다.

활동 순서와 방법 ———

도입 활동

1 동기 유발을 위해 그레타 툰베리의 UN 연설 동영상을 함께 보고, 영상에 대한 자신의 생각과 그레타의 연설을 들은 어른들은 어떤 생각을 했을지를 활동지에 적는다.

2 학습 목표를 안내한다.

🦋 Tip

▶ 개인별로 스마트 기기가 있어 활용 가능한 환경이라면 학생들 스스로 관련 영상을 찾아보는 활동으로 구성해요.

전개 활동 1

1 청소년 기후 행동과 관련된 다양한 탐구 자료(기사, 영상 등)를 살펴보며 여러 나라의 청소년 기후 행동 사례와 그 영향을 찾아 활동지에 정리한다.

2 모둠 안에서 각자 정리한 내용을 돌아가며 말하기를 통해 공유한다. 모둠원의 발표를 들으며 새로 알게 된 사실을 추가로 정리하고, 많은 사람이 공통으로 정리한 부분에는 밑줄을 긋는다.

3 모둠별로 정리한 내용과 느낀 점을 발표한다.

4 어른들에게 기후 위기와 관련해서 하고 싶은 이야기를 편지로 쓴다.

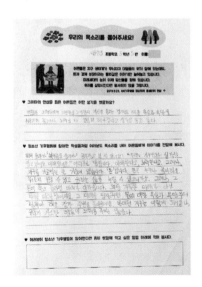

🌱 Tip

▶ 여러 나라의 청소년 기후 행동 사례와 그 영향을 패들릿에 정리하여 QR코드로 제공하면 인쇄하는 활동지의 양을 줄일 수 있어요. 이 경우 개인별로 스마트 기기를 사용하게 되므로 제공된 자료를 모두 살펴본 학생들은 직접 다른 사례를 찾아볼 수도 있어요.

전개 활동 2

주변의 어른들과 우리 학교 친구들에게 종이 팻말을 활용한 캠페인으로 기후 위기의 심각성과 기후 위기에 대응할 필요성을 알린다. 이를 위해 활동지에 팻말에 들어갈 문구를 정리하고, 폐종이박스를 필요한 크기로 잘라 문구를 적은 뒤 색칠하거나 그림을 그려 팻말을 꾸민다.

🌱 Tip

▶ 새 학기 교과서가 배달될 때 교과서가 손상되는 것을 막기 위해 위아래에 끼워 넣는 박스지를 모아두었다가 팻말 만들기뿐만 아니라 다양한 미술 활동에 활용해 보세요. 택배 상자는 크기도 천차만별이고 필요한 모양으로 잘라야 하지만 교과서 포장에 사용하는 박스지는 적당한 크기의 직사각형이라 활용하기 편하고 크기가 비슷하여 예쁘게 게시할 수 있어요.

정리 활동

1 완성한 종이 팻말을 전시하여 캠페인 활동을 한다. 학교 복도나 계단에 전시하여 기후 위기의 심각성과 기후 위기에 대응할 필요성을 학교 친구들에게 알린다. 나아가 자신이 거주하는 아파트 엘리베이터 등에 전시하여 학교 밖 어른들에게도 같은 내용을 알릴 수 있다.

2 캠페인 활동이 끝난 후 소감을 나눈다.

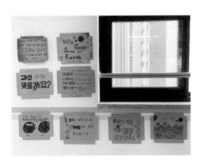 

🍂 Tip

▶ 종이 팻말을 전시해 놓은 곳 옆에 포스트잇을 두어 소감을 적게 하면 기후 위기에 대한 다른 학생들의 생각을 들어볼 수도 있어요.

▶ 아파트 엘리베이터 등 학교 밖에 게시하는 경우 해당 건물의 게시물 게시 지침을 확인하는 것이 좋아요. 구체적인 지침이 없다면 게시하는 기간을 구체적으로 정하여 팻말 한쪽에 언제 뗄 것인지 함께 적어두도록 해요.

▶ 학교 여건이 허락한다면 만든 팻말을 직접 들고 교내 캠페인 활동을 할 수도 있어요. 학생들이 직접 어디서, 어떻게 캠페인 활동을 해야 할지 기획하여 진행하면 더 큰 자부심을 느끼고, 이 경험을 발판 삼아 자신 있게 목소리를 낼 용기를 얻을 수 있을 거예요.

수업 후기 ────

• 어른들에게 쓴 편지에서 아이들은 기후 위기에 대응하는 우리의 태도가 안일하고 불충분하며 위험하다고 말하면서도 왜 여전히 기후 위기 대응에 소극적인 태도를 갖고 있는지 지적했습니다. 초등학생임에도 불구하고 합리적으로 사고하고 주장하는 모습을 보여서 솔직히 놀랐습니다. 특히 "당신들은 우리에게 마음먹은 일을 실천하라고 도덕책에 써놓았습니다."라는 문구와 함께 환경을 위한 정책을 마련하고 해결책을 실천하는 게 옳다는 것을 알고 있음에도 실천하지 않는 어른들에게 "제발 기후 위기를 막아달라"고 호소한 아이의 편지가 아직도 가슴에 남아 있습니다.

• 답답함과 생존의 공포 등 자신의 감정을 편지에 솔직하게 드러낸 아이들은 높은 몰입도로 팻말 만들기 활동에 참여했습니다. 그렇게 완성한 팻말을 복도와 계단에 게시한 후 지나가는 다른 반 학생을 붙잡고 자신의 작품을 자랑하다가 자연스럽게 팻말의 내용에 관해 이야기 나누는 모습에 교사로서 뿌듯함을 느꼈습니다. 또 아파트 엘리베이터에 게시한 팻말에는 이웃 어른들께서 따뜻한 답장을 남겨주셔서 아이들이 큰 자부심을 느꼈던 수업이었습니다.

• 청소년 기후 행동에 적극적으로 참여하는 활동가의 인터뷰를 보면 사람들이 아직 어리다는 이유로 목소리를 부정하거나 스펙을 쌓기 위한 행동으로 치부하는 어려움을 겪는다고 합니다. 너무나도 안타까운 일이지요. 기후 위기를 자신의 문제로 여기는 우리 반 아이들의 목소리를 직접 듣고 읽으며 어른들 모두가 목소리를 내는 사람이 어리거나 특정한 자격이 없다는 이유로 무시하지 않았으면 좋겠다는 생각을

했고, 교사인 저도 많은 것을 배운 시간이었습니다. "지구는 변하고 있는데 우리가 계속 제자리에 있으면 안 되겠죠?"

28

환경과 사회가 함께 행복해요

👧 **대상 학년** 5~6학년   🏫 **소요 시간** 80분

환경 문제를 해결하기 위해서는 개인적인 실천과 노력도 중요하지만 영향력과 파급력에서 절대 우위에 있는 기업의 역할이 무엇보다도 중요합니다. 이처럼 지구와 사회를 위해 인식을 변화시키고 기술을 발전시키려 노력하는 기업을 'ESG 기업'이라고 해요. 이 수업에서는 ESG 기업으로서 추구해야 할 가치와 생산 방식에 대해 함께 생각해 보고, 사업설명회를 진행하면서 미래 사회가 나아가야 할 방향에 대해 고민해 보려고 해요. ESG 기업의 CEO가 되어 우리 기업이 환경과 사회를 모두 만족시킬 수 있는 방법을 찾아볼까요?

학습 목표

• ESG 기업에 대해 알고, CEO가 되어 ESG 가치를 실현하기 위한 방법을 말할 수 있다.

교과 성취기준

- **[6국01-02]** 의견을 제시하고 함께 조정하며 토의한다.
- **[6국03-04]** 적절한 근거와 알맞은 표현을 사용하여 주장하는 글을 쓴다.
- **[6사06-01]** 다양한 경제활동 사례를 통해 가계와 기업의 경제적 역할을 파악하고, 가계와 기업의 합리적 선택 방법을 탐색한다.
- **[6사08-06]** 지속 가능한 미래를 건설하기 위한 과제(친환경적 생산과 소비 방식 확산, 빈곤과 기아 퇴치, 문화적 편견과 차별 해소 등)를 조사하고, 세계시민으로서 이에 적극 참여하는 방안을 모색한다.

수업의 흐름

활동 순서	활동 안내	자료 및 참고 사항
도입 (10분)	• ESG 기업의 광고를 공유하고 생각 나누기	• 동영상, 활동지
전개 (40분)	• ESG 기업의 정의와 사례에 대해 알기 • ESG 기업의 CEO가 되어 기업의 목표(가치)를 설정하고 제품 생산 계획하기 • 사업설명회 준비하기	• 활동지 – 특정 기업에 대한 직접 언급 지양하기 – 객관적인 사실 및 자료를 바탕으로 가치 판단이 이루어지도록 지도하기
정리 (30분)	• 기업에 모의 투자하기	• 활동지 – 사업 설명회 후 투자금액을 설정하는 과정을 통해 상호평가 실시하기

평가 계획

상	ESG 기업에 대해 이해하고, 기업의 가치를 담은 사업설명회 자료를 만들 수 있으며 활동에 적극 참여한다.
중	ESG 기업에 대해 이해하고 활동에 참여하나, 기업의 가치를 담은 사업설명회 자료를 만드는 데 다소 어려움을 느낀다.
하	ESG 기업에 대해 이해하지 못하며, ESG 기업의 가치를 담은 사업설명회 자료를 만드는 활동에 소극적으로 참여한다.

활동 순서와 방법

도입 활동

1 ESG 기업이 기후 위기를 극복하기 위해 노력하고 있 는 점을 강조한 영상을 함께 보고, 숲의 필요성과 더불어 기후 위기를 위해 노력하는 기업에 긍정적 이미지가 생길 수 있음을 이해한다.

2 영상에 나온 중요한 단어와 내용을 활동지에 기록하고, 모둠원들과 공유하며 이야기를 나눈다.

3 학습 목표를 안내한다.

🍂 Tip
▶ '환경 기업 광고' 등의 검색어를 통해 뉴스, 동영상 등을 탐색하면 제품의 기능 및 디자인 등을 강조하는 내용이 아니라 친환경적인 의식 및 활동을 기업의 이미지와 관련짓는 자료들을 찾아볼 수 있어요.

전개 활동 1

1 '환경, 사회, 지배구조'의 의미와 함께 'ESG 기업'의 사전적 및 사회적 의미를 안내한다.

2 A, B, C 기업의 사례들을 통해 ESG 기업에 대해 알아보고, 사회에 미치는 영향에 대해 이야기 나눈다.

A 기업	기업이 소유하거나 임대하고 있는 차량 100%를 친환경 차량으로 대체
B 기업	2030년까지 국내외 모든 사업장의 전기를 100% 재생 에너지로, 사업장 내부에서 발생하는 폐기물 또한 전량 재활용 자원화해 '폐기물 Zero'를 달성할 계획
C 기업	일회용이 아닌 다회용 컵에 음료를 담아주는 행사를 진행했으나 이때 사용한 다회용컵이 플라스틱의 일종인 폴리프로필렌(PP) 소재로 만들어져 오히려 플라스틱 소비가 늘어남

🍃 Tip

▶ 특정 기업에 대한 홍보가 되지 않도록 활동지 구성에 유의하여 활동해요.

▶ 홍보를 위한 보여주기식 ESG 기업(그린워싱, 위장환경주의)이 아닌지 자료들을 비교·분석하여 탐색하게 해요. 이를 통해 디지털 리터러시(다양한 디지털 미디어를 접하면서 명확한 정보를 찾고, 평가하고, 조합하는 디지털 문해력) 교육의 기회를 제공할 수 있어요.

전개 활동 2

1 모둠별로 브레인스토밍을 통해 기업의 핵심가치(환경 친화성, 협력, 지속 가능성 등)와 기업명, 로고를 정하면서 ESG 기업으로서의 방향과 목표를 설정한다.

2 앞서 선정한 기업의 가치에 맞는 제품의 주제(학용품, 화장품, 가전제품 등)를 선정하여 대표 상품을 기획한다.

3 주 고객층, 상품의 특징, 원가, 비용, 상품의 디자인 및 활용법, 홍
보 방법 등을 담은 상품기획서를 제작한다.

💙 Tip

▶ 기업의 핵심가치를 선정할 때 다양한 가치 단어들을 예시로 제공하여 폭넓은 사고가 일어날
수 있도록 안내하고, ESG의 정의를 담아 가치가 정해질 수 있도록 지도해요.

▶ ESG의 기준에 부합하는 상품기획서를 제작할 수 있도록 안내해요. 사업설명회를 진행하기 위
해 최대한 자세하게 제작하며, 필요하다면 발표자료(PPT 등)와 전시제품을 제작하는 시간을 제
공하여 사업설명회의 현실감을 높일 수 있도록 해요.

정리 활동

1 각 모둠이 제작한 상품기획서 및 발표자료를 활용해 발표하여 사
업설명회를 진행하고, 투자자(발표자를 제외한 학생들)로 하여금 합
당한 금액을 투자할 수 있도록 설득한다.

2 투자와 동시에 투자하는 이유를
기록하여, 서로 피드백을 주고받
는다.

🍂 Tip

▶ 투자의 상한 금액을 설정하고, 신중한 평가를 통
해 가치 결정이 이루어질 수 있도록 해요.

▶ 피드백을 주고받는 과정에서 발표자가 ESG 기업
에 대해 명확하게 인지하고 있는지, 투자자가 그
가치의 구현을 판단할 수 있는지에 대한 상호평
가가 이루어져요.

수업 후기 ────

• ESG 기업에 대해 전달할 때 혹시
나 특정 기업의 홍보성 활동이 되지
않을까 염려스러웠습니다. 그러나 학
생들은 활동 중 객관적으로 다양한
기업 사례들을 분석하려 애썼고, 환
경주의를 위장한 그린워싱에 대해서

도 명확하게 판단하고 있었습니다. 뉴스 및 광고에서도 비판적 시각으
로 정보를 탐색하려 노력했습니다. ESG 기업에 대해 스스로 찾아보고
다양한 사례를 통해 ESG에 대한 이해를 높인 학생들 덕분에 수업의
흐름을 놓치지 않고 진행할 수 있었습니다.

• 수업을 진행하면서 오랜 시간 하나의 수제를 탐구하는 프로젝트 수

업 방식의 좋은 점과 아쉬운 점을 모두 느낄 수 있었습니다. 환경과 관련된 기업을 직접 만들어 문제를 해결하는 과정은 학생들에게 흥미로운 주제여서 마지막까지 학생들의 집중도가 높았습니다. 프로젝트 수업에서의 주제 선정의 중요성을 실감할 수 있었지요. 그러나 80분의 시간으로는 사업설명회까지 완벽하게 진행하기 어려웠습니다. 학습의 마무리이자 평가가 될 수 있는 사업설명회의 질적인 수준을 높이기 위해서라도 2주 정도의 시간 동안 최소 4시간 이상의 수업 시간을 확보하고, 모둠 협의 및 자료 제작을 위한 학생들만의 시간을 별도로 제공하는 것이 좋겠습니다.

29
우리가 몰랐던 식물 이야기

👦 **대상 학년** 1~4학년   🏛 **소요 시간** 40분

요즘 식물을 주제로 한 인테리어인 플렌테리어가 유행하고, 반려식물을 키우는 식(물)집사들이 늘어났다고는 하지만 여전히 주변에서 식물을 찾기란 쉽지 않지요. 하지만 우리 주변에는 알게 모르게 숨은 식물들이 많답니다. 나무로 만든 책상이나 의자, 이불과 베개에 들어가는 솜, 심지어 아플 때 먹는 약에도 식물이 들어가니까요.

슬프게도 우리에게 다양한 방식으로 도움을 주는 식물들이 지구에서 점차 사라지고 있습니다. 도대체 무슨 일이 일어나고 있는 걸까요? 이번 수업에서는 사라져가는 식물의 이야기를 들어보고, 우리의 삶에 식물이 왜 소중한지 깨달으며 식물을 보호하기 위한 다짐을 해봐요.

학습 목표 ———

• 우리 주위에 다양한 형태로 존재하는 식물을 탐색하고, 식물이 없다

면 어떤 일이 벌어질지 상상할 수 있다.
- 식물의 소중함을 느끼고, 식물을 보호하기 위해 내가 할 수 있는 일을 다짐할 수 있다.

교과 성취기준 ────

- **[2바02-02]** 봄에 볼 수 있는 동식물을 소중히 여기고 보살핀다.
- **[4도04-01]** 생명의 소중함을 이해하고 인간 생명과 환경 문제에 관심을 가지며 인간 생명과 자연을 보호하려는 태도를 가진다.
- **[6과05-03]** 생태계 보전의 필요성을 인식하고 생태계 보전을 위해 우리가 할 수 있는 일에 대해 토의할 수 있다.

수업의 흐름 ────

활동 순서	활동 안내	자료 및 참고 사항
도입 (5분)	• '나는 누구일까요?' 퀴즈 풀기 • 학습 목표 및 학습 활동 확인하기	• PPT
전개 (25분)	• 우리 주위에 다양한 형태로 존재하는 식물 탐색하기 • 사라져가는 식물의 종류와 원인 알아보기 • 식물을 보호하기 위해 내가 할 수 있는 일 떠올리기	• 활동지, 모둠 칠판, 보드마카, 화이트보드 지우개, PPT
정리 (10분)	• 식물을 보호하기 위해 내가 할 수 있는 일 발표하기 • '시드 볼트(Seed Vault)' 영상 시청하기	• 활동지, 동영상

평가 계획 ────

상	식물의 소중함을 알고, 식물을 보호하기 위해 내가 할 수 있는 일을 찾아 다짐한다.
중	식물이 소중함을 어렴풋이 알며, 식물을 보호하기 위해 내가 할 수 있는 일을 찾는다.
하	식물의 소중함을 알지 못한다. 또한 식물을 보호하기 위해 내가 할 수 있는 일을 찾지 못한다.

활동 순서와 방법 ────

도입 활동

1 '나는 누구일까요?' 퀴즈를 풀어본다.

퀴즈 문제(정답:식물)

① 나는 여러분 주변에 여러 가지 형태로 존재합니다.

② 여러분은 나를 먹기도 합니다.

③ 나는 이산화탄소를 삼키고 산소를 만들어 내뿜습니다.

2 학습 목표 및 학습 활동을 안내한다.

전개 활동 1

1 교사는 PPT 속 사진을 보여주며 '초록이의 하루'를 이야기로 들려

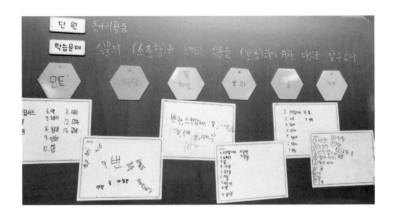

주고, 학생들은 이야기 속에서 찾을 수 있는 식물들을 모둠 칠판 혹은 활동지에 기록한다.

초록이의 하루

(상황1) 초록이는 오늘도 아침 일찍 침대에서 일어납니다. 이불과 베개를 바르게 정리하고 학교에 갈 준비를 합니다.

(상황2) 따끈따끈한 아침밥이 식탁 위에 차려져 있네요. "잘 먹겠습니다!" 여러 가지 반찬과 밥을 맛있게 먹습니다.

(상황3) 초록이 아버지는 아침부터 화분에 물을 주고 계십니다. 스킨답서스를 키우시는데 공기를 맑게 해준다고 하여 사오셨습니다.

(상황4) 식사가 끝난 후에는 책가방을 싸며 학교 갈 준비를 합니다. 공책, 연필 등 준비물을 챙깁니다.

(상황5) 학교에 도착하여 친구들과 반갑게 인사한 후, 의자에 바르게 앉아 즐겁게 수업을 듣습니다.

(상황6) "섭취 방법을 한 번 살펴볼까?" 엄마께서 약 포장의 뒷면을 확인한 뒤 약을 주셔서 알약을 꿀꺽 삼키고, 눈은 되도록 만지지 않기로 했습니다.

(상황7) 가족들과 저녁을 함께 먹고 공원에 산책을 갔습니다. 꽃향기도 맡고 나무 냄새도 맡으며 공원을 걸으니 상쾌했습니다. 도토리를 주워 먹는 다람쥐도 만났습니다. 초록이는 오늘도 알찬 하루를 보냈습니다.

2 모둠별로 찾은 식물이 무엇인지 함께 확인한다. 모둠 칠판에 기록한 경우 칠판에 부착하여 모둠 간 정답을 비교해 본다.

🍃 Tip

▶ 〈초록이의 하루〉 속에서 이불 속 목화솜, 나물 반찬, 스킨답서스, 종이로 만든 공책, 나무 의자, 식물추출물이 들어간 약, 산책로에서 만난 식물, 도토리 열매 등을 발견할 수 있어요. 이처럼 식물의 본래 형태가 아니더라도 우리 생활 곳곳에서 식물의 도움을 많이 받고 있음을 안내해 주세요.

전개 활동 2

1 종이 생산과 숲, 멸종 위기의 구상나무, 바나나 전염병과 관련된 영상을 통해 사라졌거나 사라질 위기에 처한 식물을 알아본다.

2 새롭게 알게 된 내용을 활동지 빈칸에 기록한다.

▶ 교사가 일방적으로 정보를 전달하는 부분이지만 세 가지 이야기 중 먼저 듣고 싶은 이야기를 학생들이 선택할 수 있도록 하고, 영상을 함께 제시함으로써 흥미를 높일 수 있어요.

전개 활동 3

1 식물이 멸종되기 시작한다면 어떤 일들이 벌어질지 생각하고 이야기 나눈다.

2 쓰레기는 집으로 되가져오기, 식물은 눈으로만 감상하기, 종이를 아껴 사용하기 등 소중한 식물들을 보호하기 위해 우리가 할 수 있는 일들을 공유한다.

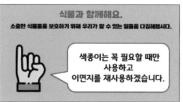

정리 활동

1 식물을 보호하기 위한 나만의 다짐을 한 가지 정하고, '같은 생각 앉기' 방식으로 발표한다. 모두가 자리에서 일어난 뒤 한 친구가 발표를 하면 같은 의견을 가진 친구는 자리에 앉는다. 전원이 자리에 앉을 때까지 발표를 진행한다.

2 식물들의 멸종을 막기 위해 전 세계 식물 종자를 보관하는 거대한 금고인 '시드 볼트(Seed Vault)'에 대한 영상을 시청하며 수업을 마무리한다.

수업 후기 ————

알게 모르게 우리에게 도움을 주는 식물들이 많습니다. 본래의 형태로 아름다운 풍경과 깨끗한 공기를 제공하는 식물들도 있지만, 나무로 만든 물건이나 종이, 식물성 섬유, 약의 효능을 지닌 추출물로 도움을 주는 식물들도 있지요. 첫 번째 활동을 하면서 학생들은 '엇! 생각해 보니 이것도 식물 아니야?'라고 깨닫는 모습을 보여주었습니다. 수업의 의도가 잘 드러난 것 같아 기뻤지요. '시드 볼트' 이야기도 학생들의 흥미를 끌었는데요. "식물이 얼마나 중요하길래 땅속 깊숙한 곳에 거대한 금고를 만들어 씨앗을 보관하는 것일까요?", "시드 볼트를 여는 날이 오지 않으려면 어떤 노력들이 필요할까요?"와 같은 이야기를 함께 나누면 더 깊이 있는 수업이 될 것입니다. 이 수업은 〈5. 학교 식물 도감 만들기〉의 후속 활동으로 진행해도 좋습니다.

30
학교 주변 쓰레기 줍깅 – 플로깅

👤 **대상 학년** 전학년　🏃 **소요 시간** 40분

환경 문제에 관심을 갖는 사람들이 늘어나면서 새로운 운동이 등장했습니다. 쓰레기를 주우며 가볍게 달리거나 산책하는 플로깅이에요. 학교에 얼마나 많은 쓰레기가 버려지고 있는지 직접 주워보며 쓰레기 문제를 생각하는 플로깅 활동을 아이들과 함께 해보는 것은 어떨까요? '쓰레기를 줍자!'가 아닌 '플로깅을 해보자!'로 시작한 운동은 아이들에게 신나는 놀이 시간이자 쓰레기에 대해 피부로 느끼며 생활 속에서 실천해 볼 수 있는 소중한 시간이 될 거예요.

학습 목표 ───

• 지구를 살리는 쓰레기 줍기, 학교 안 플로깅 활동을 통하여 쓰레기 문제를 생각해 보고 실천 의지를 다진다.

교과 성취기준 ───

- **[2슬01-01]** 학교 안과 밖, 교실을 둘러보면서 위치와 학교생활 모습 등을 알아본다.
- **[4사01-01]** 우리 마을 또는 고장의 모습을 자유롭게 그려보고, 서로 비교하여 공통점과 차이점을 찾아 고장에 대한 서로 다른 장소감을 탐색한다.
- **[4사03-01]** 지도의 기본 요소에 대한 이해를 바탕으로 하여 우리 지역 지도에 나타난 지리 정보를 실제 생활에 활용한다.
- **[4도03-01]** 공공장소에서 지켜야 할 규칙과 공익의 중요성을 알고, 공익에 기여하고자 하는 실천 의지를 기른다.
- **[4체05-03]** 신체활동 시 발생할 수 있는 위험 상황을 인지하며 안전하게 신체활동을 수행한다.

수업의 흐름 ───

활동 순서	활동 안내	자료 및 참고 사항
도입 (5분)	• 플로깅 사진을 보며 무엇을 하는 것인지 생각해 보기	• 플로깅 사진
전개 (25분)	• 플로깅이란 무엇인지 알아보기 • 플로깅 준비물 및 효과 알아보기 • 플로깅을 하며 주의할 점 알아보기 • 학교에서 플로깅 하기	• 동영상, 모자, 운동화, 집게, 쓰레기봉투 및 재활용 봉지 – 야외 활동 준비물(모자, 운동화)을 사전에 안내하기
정리 (10분)	• 플로깅 소감 나누기	• 종이

평가 계획

상	플로깅의 의미를 이해하고 안전 수칙에 유의하여 플로깅을 실천하고 활동 소감을 구체적으로 이야기한다.
중	플로깅의 의미를 이해하나 플로깅 활동과 소감 나누기 활동에 적극적으로 참여하지 못한다.
하	플로깅에 대한 전반적 이해가 어려우며, 활동 후 소감 나누기를 힘들어한다.

활동 순서와 방법

도입 활동

1 동기 유발을 위해 플로깅하는 사진(쓰레기를 줍는 장면, 쓰레기봉투를 들고 뛰고 있는 사진 등) 자료를 보여주고, 무엇을 하고 있는 것 같은지 함께 이야기 나눈다.

2 학습 목표를 안내한다.

💗 Tip

▶ 대부분의 플로깅 영상에서는 직접적으로 플로깅을 소개하는 장면이 주를 이루기 때문에 적절한 사진만 편집하여 제시하도록 해요.

▶ 학생들의 입에서 나온 단어를 활용하여 학습 목표를 제시하였다가 추후 '플로깅'의 의미를 다룬 다음 핵심단어로 제시하여 바꾸어도 좋아요.

전개 활동 1

1 영상을 시청하여 플로깅이 무엇인지 알아본다.

2 플로깅의 준비물과 효과, 주의점에 대해 알아본다.

- 플로깅 준비물 : 운동화, 모자, 장갑 또는 집게, 쓰레기봉투
- 플로깅의 효과 : 조깅과 앉았다 일어나기로 운동 효과 증대, 주변 환경 정화 등
- 플로깅의 주의점 : 너무 빨리 달리지 않기, 분리배출이 필요한 쓰레기 따로 담기 등

전개 활동 2

1 안전 수칙에 유의하며 학교에서 플로깅을 실천한다.

2 쓰레기는 바로 버릴 쓰레기와 한 번 더 분리배출할 쓰레기로 나누어 담도록 한다.

♥ Tip

▶ 운동화, 모자 등의 준비물은 학생이 준비해 올 수 있도록 미리 안내해요. 집게는 학교 봉사활
동과 연계하여 학교에 비치된 집게가 있는지 확인하여 사용하고, 쓰레기봉투 외에 주운 쓰레기
중 분리배출이 필요한 쓰레기를 따로 담을 여분의 봉지도 하나 더 준비하는 것이 좋아요.

정리 활동

플로깅 활동 수업 중 좋았던 점, 아쉬웠던 점, 더 해보고 싶은 점 등을
롤링페이퍼 형식으로 나누어본다.

수업 진행 팁 ───

봉사활동과 연계하여 플로깅을 진행할 수도 있고, 학년군별 수업 내용
의 특성에 맞추어 학교 주변, 마을, 공공기관 등으로 장소를 확장해 나
갈 수도 있어요.

수업 후기 ————

• 더운 여름이었지만, 땀을 흘리면서도 플로깅을 하며 "더 하고 싶어요!"라고 외치는 아이들이 많았습니다. 눈으로 대강 살펴볼 때는 없었던 학교 곳곳의 작은 쓰레기까지 아이들이 직접 발견하고 함께 분리배출을 해보면서 '쓰레기를 함부로 버리면 안 된다', '페트병이 너무 많다' 등 아이들이 다양한 각도로 쓰레기 문제에 대해 직접 이야기 나누는 것을 볼 수 있었습니다.

• 플로깅에 대해 알고는 있었지만 막상 실천해 본 적이 없었던 저 또한 아이들과 함께 했던 플로깅 활동 수업 이후로 여름에 방문했던 바닷가의 쓰레기를 주워보는 비치코밍에도 도전해 보았습니다. 아이들 역시 플로깅의 경험을 맛본 뒤 각자의 방식대로 다양한 후속 경험을 이어갔을 것이라고 생각합니다.

🌳 알아두면 좋아요! _ 플로깅과 비슷한 환경 정화 활동

수영의 'swimming'과 집다의 'pick up'이 합쳐진 말로 수영하며 쓰레기를 줍는 활동인 스윔픽도 있어요. 해변을 빗질하듯 바다에 있는 쓰레기를 주워 모으는 바다 쓰레기 줍기 활동인 비치코밍은 해변의 'beach'와 빗질을 뜻하는 'combing'이 더해진 말이에요. 비치코밍을 통해 모은 쓰레기는 예술 작품으로 만들어지기도 해요.

지구를 생각하는
40가지 초등 수업 이야기

Part 4
겨울
Winter

31
나만의 습지 여행 코스 만들기

👧 **대상 학년** 3~6학년   🏫 **소요 시간** 40분

습지란 물과 땅이 겹쳐 항상 축축한 지형을 뜻하며, 육지 생태계와 수 생태계의 중간적 특성을 지닌 독특한 생태계입니다. 물, 풀, 나무, 곤충 등 자연이 조화롭게 어우러진 풍경이 아름다워 순천만 습지, 창녕 우 포늪처럼 지역을 대표하는 관광지 역할을 하기도 합니다.

이 외에도 습지가 가진 또 다른 중요한 기능이 있습니다. 독특한 생태 환경 덕분에 다양한 종류의 생물이 살아가는 보금자리로, 습지에서 자 라는 식물들은 탄소를 흡수하여 지구 온난화를 막고 기후 위기에 대 응합니다. 환경 교육에서 꼭 짚어줘야 할 지형이지요.

초등학생들에게 습지는 낯선 지형입니다. 이 수업을 통해 학생들은 습 지를 탐구하며, 주변에서 쉽게 보지 못하는 동식물과 그들이 만든 아 름다운 경관을 만나게 될 것입니다. 또 선택 활동으로 습지 여행 코스 를 계획해 보면서 사회과 교육과정과 연계하여 우리나라 29개 습지의 위치, 특싱 등에 대해 자연스럽게 알 수 있습니다. 꼭 2월 2일 세계 습

지의 날이 아니어도 교육과정과 연계하여 언제든 수업할 수 있도록 구성했습니다. 자연에 대한 관심과 애정이 깊어지는 기회가 될 거예요.

학습 목표 ───

• 습지의 뜻과 그 중요성을 설명할 수 있다.
• 우리나라 습지를 조사하고, 습지를 보호하려는 태도를 지닌다.

교과 성취기준 ───

• **[4사01-02]** 디지털 영상 지도 등을 활용하여 주요 지형지물들의 위치를 파악하고, 백지도에 다시 배치하는 활동을 통하여 마을 또는 고장의 실제 모습을 익힌다.
• **[4사03-02]** 고장 사람들의 생활과 밀접하게 관련이 있는 지역의 다양한 중심지(행정, 교통, 상업, 산업, 관광 등)를 조사하고, 각 중심지의 위치, 기능, 경관의 특성을 탐색한다.
• **[4도04-01]** 생명의 소중함을 이해하고 인간 생명과 환경 문제에 관심을 가지며 인간 생명과 자연을 보호하려는 태도를 가진다.
• **[4수03-02]** 초 단위까지의 시간의 덧셈과 뺄셈을 할 수 있다.
• **[6사01-03]** 우리나라의 기후 환경 및 지형 환경에서 나타나는 특성을 탐구한다.
• **[6과05-03]** 생태계 보전의 필요성을 인식하고 생태계 보전을 위해 우리가 할 수 있는 일에 대해 토의할 수 있다.

수업의 흐름

활동 순서	활동 안내	자료 및 참고 사항
도입 (5분)	• 지도에 표시된 지역의 공통점 찾기	• 활동지, PPT
전개 1 (15분)	• 습지의 뜻 알기 • 우리나라의 습지 살펴보기	• 활동지, PPT, 동영상
전개 2 (15분)	• 습지를 보호해야 하는 이유와 람사르 협약 알기	• 활동지, PPT
전개 3 (선택 활동, 40분)	• 습지 여행 계획하기 • 습지 여행 계획 발표하기	• 학생 개인 핸드폰 또는 태블릿 PC, 활동지
정리 (5분)	• 인상 깊었던 습지 발표하기 • 수업을 마친 후 느낀 점 이야기 나누기	

평가 계획

상	습지의 뜻과 중요성을 설명할 수 있고, 적극적으로 습지를 보호하려는 태도를 지닐 수 있다.
중	습지의 뜻과 중요성을 알고, 습지를 보호하려는 태도를 지닐 수 있다.
하	습지의 뜻과 중요성을 생각해 볼 수 있고, 습지를 보호하려는 태도를 떠올려볼 수 있다.

활동 순서와 방법 ——

도입 활동

우리나라 지도에 습지가 있는 지역을 표시하고, 이 지역들의 공통점을 찾는 간단한 퀴즈를 낸다. 쉽게 맞추기 어려운 문제이기 때문에, 'ㅇㅇ 이 있는 지역 → ㅅㅈ가 있는 지역'처럼 단계적으로 힌트를 준다. 이후 '습지'라는 낱말을 도입하여 본 수업에 흥미를 갖도록 한다.

♥ Tip

▶ 학생들이 습지가 무엇인지 유추할 수 있도록 갯벌, 늪, 강 근처의 습지 등 다양한 유형의 습지를 지도에 표시해요.

전개 활동 1

1 습지의 개념을 영상, 사진 자료를 바탕으로 이해한다.

2 우리나라의 습지의 위치, 자연환경, 동식물 등을 알아 본다.

♥ Tip

▶ 교사 설명 위주의 활동이기 때문에 지루할 수 있어요. 국내 최대 자연 습지 창녕 우포늪, 우리나라에서 가장 높은 곳에 위치한 인제 대암산 용늪, 광활한 갯벌과 갈대밭이 펼쳐진 순천만 습지 등 다양한 유형의 습지를 영상으로 보여주면 학생들의 집중도가 높아져요.

▶ 순천만 갯벌의 짱뚱어, 대암산 용늪의 끈끈이주걱 등 습지에 살아가는 동식물도 함께 소개해요. 특히 짱뚱어가 갯벌에서 수영하는 모습을 아이들이 감탄하며 좋아합니다.

전개 활동 2

1 PPT를 통해 간척, 도로 개발, 건설 등으로 인해 습지의 면적이 줄어들고 있음을 보여준다.

2 습지의 역할을 알아보고, 습지가 줄어들면 동식물과 인간에게 큰 영향을 미친다는 것을 안내한다.

습지의 역할

① 물을 깨끗하게 정화한다.

② 물을 저장하여 연못이 마르지 않게 한다.

③ 인간은 습지에서 물, 식량을 얻을 수 있다.

④ 탄소를 흡수하여 지구 온난화를 막는다.

3 습지를 지키기 위해 세계 여러 나라가 모여 '람사르 협약'을 만들었으며, 우리나라의 람사르 습지는 어디에 있는지 지도를 통해 확인한다.

4 활동지에 빈칸을 채우며 배운 내용을 정리한다.

🍂 Tip

▶ 습지에 사는 식물들은 탄소를 흡수합니다. 지구 온난화를 막고 기후 위기에 대응할 수 있는 중요한 기능이지요. 습지에 대한 흥미와 관심도가 습지를 보호해야겠다는 의지로 이어질 수 있도록 수업을 진행해 주세요.

▶ 학생들은 습지가 줄어들면 동식물이 보금자리를 잃는다는 사실에 굉장히 안타까워합니다. 그

러나 습지가 줄어드는 것은 동식물에 대한 연민을 넘어, 인간에게도 큰 영향을 미친다는 것을
일깨워주세요.

▶ 매년 2월 2일은 세계 습지의 날로 람사르 협약이 만들어진 날이라는 것을 알려주세요.

전개 활동 3

1 개인별로 핸드폰이나 태블릿 PC로 PPT 속의 QR코드를 찍어 국
립생태원의 습지 현황 지도를 켠다.

2 습지 여행 가이드가 되어 짝꿍과 내가 여행하고 싶은 습지의 위치,
특징 등을 확인하고, 지도 어플리케이션에서 이동 시간을 계산하
여 여행 코스를 계획한다.

3 우리나라 지도에 이동하는 순서대로 점을 찍고 화살표로 연결하
여 나만의 습지 여행 코스를 만든다.

4 나만의 습지 여행 코스를 발표한다.

💚 Tip

▶ '습지 여행 계획하기'는 선택 활동이에요. 하지만 여러 교과목과 연계하여 수업할 수 있어 활용도가 높을 뿐 아니라 학생들이 즐겁게 협력하며 참여하기 때문에 선생님께 강력 추천하는 활동입니다.

▶ 3학년 1학기 사회 1단원의 '우리 고장의 모습' 중 디지털 영상 지도에서 고장의 주요 장소를 찾아 백지도에 다시 배치하는 활동과 연계하여 수업할 수 있도록 구성했어요. 이 단원에서 활용할 경우, 우리 지역 주변의 습지로 범위를 좁혀 습지 여행을 계획해 보세요.

▶ 3학년 1학기 수학 5단원의 '길이와 시간'에서 시간의 덧셈과 뺄셈을 학습한 후 실생활에 적용하는 차시로 활용할 수도 있습니다. 목적지별 출발 시간과 활동하는 데 걸리는 시간을 정하고, 시간의 덧셈을 이용하여 다음 목적지로 출발하는 시간을 계산합니다. 또는 반대로 출발 시간과 도착 시간을 정하고, 시간의 뺄셈을 이용하여 활동하는 데 걸리는 시간을 구할 수도 있습니다.

정리 활동

1 오늘 알게 된 습지 중 가장 인상 깊었던 곳을 발표한다.

2 새롭게 알게 된 점, 수업 소감을 이야기하고 수업을 마무리한다.

수업 후기 ───

• 처음엔 습지를 낯설어했던 아이들이었지만, 수업이 진행될수록 점차 습지에 대한 애정과 습지를 보호해야겠다는 열망으로 눈망울이 빛났습니다. 쉬는 시간에 쪼르르 와서 이번 방학 때 꼭 쌍안경을 들고 습지에 가겠다던 아이의 말은 교사가 지치지 않고 환경 교육을 할 수 있는 원동력이 되기에 충분했습니다.

• 학생들은 직접 습지에 가서 동식물을 관찰할 수 없어 아쉬워했습니다. 학년 초에 미리 교육과정을 재구성하여 습지를 주제로 한 프로젝트 수업을 만들고, 현장체험학습 장소를 우리 지역의 습지로 계획하여 실제 탐구까지 이어지도록 한다면 더욱 풍부한 수업이 될 수 있겠다

는 생각이 듭니다.

• 인간이 아닌 생물에 대한 애정은 곧 지구가 인간만의 것이 아닌, 그들과 더불어 살아가는 곳이라는 생태 감수성으로 자연스럽게 이어집니다. 그리고 이러한 생태 감수성은 환경을 보호하려는 의지와 실천의 밑바탕이 됩니다. 아이들에게 오늘의 습지 수업이 작지만 꼭 필요한 주춧돌이 되었으면 좋겠습니다.

32
토양을 지켜라!

👦 **대상 학년** 4~6학년   🎯 **소요 시간** 40분

우리는 흙을 밟고 서서, 흙에서 태어난 것들을 먹으며 살아갑니다. 오래전 지구에 살았던 생명이 흙으로 돌아가고, 흙 속에서나 흙 위에서나 제 삶을 열심히 살아가는 많은 생명 덕에 흙은 그 어떤 곳보다도 생동감이 넘치지요. 그러나 인간의 욕심과 기후 변화 때문에 지금의 흙은 점점 황폐해지고 있습니다.

12월 5일은 '세계 토양의 날'입니다. 다양한 생물이 살아가는 터전이자 물을 정화하고 기후를 조절하는 토양의 가치를 알리기 위해 2012년도부터 생겨났지요. 요즘 어린이들은 예전보다 흙을 만날 기회가 적습니다. '세계 토양의 날'을 기념하며, 흙에 대한 생각을 나누고 토양을 지키는 재밌는 놀이도 해보면 어떨까요?

학습 목표

- '토양을 지켜라' 놀이를 통해 토양이 지닌 가치를 느낄 수 있다.
- '세계 토양의 날'의 의미를 알고, 토양을 지키는 방법을 익힐 수 있다.

교과 성취기준

- **[2즐01-01]** 친구와 친해질 수 있는 놀이를 한다.
- **[4과04-02]** 흙의 생성 과정을 모형을 통해 설명할 수 있다.
- **[6과05-03]** 생태계 보전의 필요성을 인식하고 생태계 보전을 위해 우리가 할 수 있는 일에 대해 토의할 수 있다.

수업의 흐름

활동 순서	활동 안내	자료 및 참고 사항
도입 (5분)	• 일상생활에서 흙을 접하는 상황을 떠올려 흙에 대한 느낌과 생각을 이야기 나누기 • 학습 목표 및 학습 활동 확인하기	
전개 (30분)	• '세계 토양의 날' 알아보기 • 토양을 지키는 친환경 농업 알아보기 • '토양을 지켜라' 놀이하기	• 동영상, 역할 카드
정리 (5분)	• '토양을 지켜라' 놀이에 참여한 소감 나누기	

평가 계획

상	'세계 토양의 날'의 의미를 알고, '토양을 지켜라' 놀이에 적극적으로 참여하여 토양을 지키는 방법을 익힐 수 있다.
중	'세계 토양의 날'의 의미를 알고, '토양을 지켜라' 놀이를 통해 토양을 지키는 방법을 익힐 수 있다.
하	'세계 토양의 날'의 의미를 알지 못하거나 '토양을 지켜라' 놀이에 참여하지 않는다.

활동 순서와 방법

도입 활동

1 만약 나였다면 주어진 상황에서 어떻게 행동했을지 이야기해 본다.

상황 ① : 마트에 당근과 감자를 사러 왔습니다. 당신이라면 어떤 것을 사시겠습니까?

- A. 흙이 묻어도 상관없다! 가격도 싸고 양도 많은 흙 묻은 감자와 당근을 신문지에 돌돌 싸서 나간다.

- B. 양도 적고 가격도 비싸지만 이미 깨끗이 세척되어 있는 감자와 당근이 편하지!

상황 ② : 친구와 흙장난을 하다가 옷에 흙이 묻었다. 당신이라면 어떻게 하시겠습니까?

- A. 에이, 뭐 어때? 일단 놀고 보자!

- B. 찝찝하니까 씻으러 집으로 돌아간다.

2 각 상황에서 A 또는 B 행동을 고른 이유를 발표하고 흙에 대한 자

신의 생각과 느낌을 이야기 나눈다.

3 학습 목표 및 학습 활동을 안내한다.

전개 활동 1

1 '세계 토양의 날'에 대해 알아본다.

2 건강한 토양이 지구 생태계에 미치는 영향을 설명한다.

❤ Tip

▶ 토양 산성화, 토양 침식 문제로 인해 토양 보존의 중요성이 높아졌으며, 2012년부터 UN이 12월 5일을 '세계 토양의 날'로 지정하고 매년 기념하고 있다는 것을 안내해 주세요.

▶ 초등학교 3학년 2학기 과학에는 '지표의 변화' 단원이 나옵니다. 학생들은 오랜 시간에 걸쳐 흙이 만들어지며, 물에 의해 침식 작용이 일어난다는 것을 이미 배워 알고 있습니다. 3학년 때 배운 내용을 떠올려 흙이 생성되는 데 걸리는 시간이 긴데 빠르게 침식되어 사라진다면 어떻게 될지 함께 이야기 나눠보세요.

전개 활동 2

1 다섯 고개 퀴즈로 토양을 지키는 이가 누구인지 알아본다.

첫 번째 문제(정답:지렁이)

① 나는 주로 흙 속에서 살아!

② 나는 '땅속 쟁기'라는 별명을 가지고 있어!

③ 나는 기름지고 보드라운 흙을 만들어줄 수 있어!

④ 내 똥은 주변의 악취를 없애주지!

⑤ 내 몸에는 암컷과 수컷의 생식기관이 모두 있어!

두 번째 문제(정답:오리)

① 나는 해충을 잡아먹어!

② 잡초도 냠냠 먹지!

③ 나를 논에 풀어놓으면 화학비료
   사용을 줄일 수 있어!

④ 나는 물가에 살아! 땅에서 걸을
   수 있고 헤엄도 칠 수 있지.

⑤ 나는 꽥꽥 울어!

2 퀴즈를 푼 후 농업에 지렁이와 오리를 활용
한 사례를 영상으로 확인한다.

💜 **Tip**

▶ 화학비료를 사용하지 않는 친환경 농업이라고 해도 문제가 없는 것은 아니에요. 농사를 짓기
위해 필요 이상의 땅을 개발하거나 한 작물만을 많이 심으면 식물의 뿌리가 흙을 충분히 잡아
주지 못해 토양 침식이 일어나기 쉬워진다는 것을 안내해 주세요.

전개 활동 3

1 '토양을 지켜라' 놀이를 진행한다. 기존 '흡혈귀를 피
해라' 놀이에서의 '흡혈귀'를 토양 생태계를 망치는
'집중 호우', '살충제'로 변경한다. 나머지 친구들은
'토양' 역할을 맡는다.

놀이 방법

① 책상을 교실 모서리로 이동시켜 중앙에 공간을 만든다.

② 학생들이 둥그렇게 앉아 고개를 숙이면 교사가 '집중 호우'와 '살충제' 역할을 할 친구를 한 명씩 뽑는다.

③ 역할이 정해진 후, 학생들은 모두 일어나 친구들과 악수한다.

④ 다른 친구들은 평범하게 악수를 하고 지나치지만, 집중 호우와 살충제는 악수를 하면서 검지로 상대 친구의 손목을 찌른다.

⑤ 손목을 찔린 친구는 자연스럽게 다섯 걸음을 걸은 뒤 자리에 쓰러진다. 이후 놀이에 참여할 수도, 발언할 수도 없다.

⑥ 의심되는 친구를 가리켜 "너, 집중 호우(살충제)지?"라고 물을 수 있으나, 틀린 경우 놀이에서 아웃된다.

⑦ 집중 호우와 살충제를 모두 찾으면 놀이가 종료되고, 끝까지 찾지 못하면 집중 호우와 살충제 팀이 승리한다.

2 놀이가 끝나면 역할을 바꾸어 반복한다.

♥ Tip

▶ '집중 호우'와 '살충제'로 인해 토양이 많이 망가지는 상황을 연출하고 싶다면 두 역할을 맡을 학생의 수를 늘리면 돼요. 이 경우에는 둥그렇게 앉아 역할을 뽑기보다 미리 역할이 적힌 종이(역할 카드)를 준비하여 무작위로 나눠주면 놀이를 빠르게 진행할 수 있어요. 학생들은 자신의 역할을 확인한 뒤 종이를 두 번 접어 주머니에 넣고 놀이를 진행해요. 다음 놀이가 시작되면 종이를 다시 제출해서 재사용하도록 해요.

▶ 반대로 토양을 건강하게 지키는 기쁨을 느끼게 하고 싶다면 '지렁이'와 '오리', '식물' 역할을 추가할 수 있어요. 단, 기본 놀이 방식이 익숙해진 뒤에 진행하는 것이 좋아요. 위 세 역할은 집중 호우와 살충제의 공격에도 죽지 않고, 토양 친구를 1명 살릴 수 있어요.

정리 활동

'토양을 지켜라' 놀이에 참여한 소감을 발표한다. 칠판을 세 구역(토양 역할, 토양 생태계를 망치는 역할, 토양을 구하는 역할)으로 나눠 포스트잇이나 개인 칠판에 소감을 써서 의견을 나눌 수도 있다.

♥ Tip

▶ 집중 호우와 살충제가 되어 토양을 망쳤을 때, 토양이 되어 집중 호우와 살충제의 공격으로 쓰러졌을 때(더 이상 게임에 참여할 수 없었을 때), 지렁이, 오리, 식물이 되어 토양을 구했을 때 기분이 어땠는지 이야기 나누어요.

수업 진행 팁 ———

• 계기 교육을 하다 보면 주로 활동지 빈칸 채우기나 미술 활동으로 끝나는 경우가 많았습니다. 그래서 활동지나 필기도구 없이 몸으로 느낄 수 있는 수업을 만들어보고자 했고, 학생들이 좋아하는 교실놀이와

역할에 이입하여 공감을 이끌어내는 교육연극을 결합하여 '토양을 지켜라'라는 놀이를 시도해 보았습니다. 기존 '흡혈귀를 피해라' 놀이에서 역할과 규칙이 추가되었기 때문에 기존 놀이를 꼭 먼저 해본 후 해당 수업을 해보길 추천합니다.

• 이 수업이 즐거운 놀이 활동에 그치지 않고 토양의 소중함을 느끼는 의미 있는 수업이 되려면 두 가지를 유의해야 합니다. 첫째, 놀이를 하면서 역할에 몰입할 수 있는 분위기를 조성합니다. 놀이 시작 전에는 "토양은 토양끼리 잘 뭉쳐있어야 건강하게 살아남을 수 있어요."라고 다독이고, 놀이 후에는 "집중 호우로 인해 단 하나의 토양도 살아남지 못하고 모두 사라져버렸습니다."와 같은 멘트를 해주는 것이죠. 둘째, 놀이가 모두 끝나고 역할을 수행해 본 느낌을 진지하게 묻고 답합니다. 이를 통해 토양을 지켜야 하는 의미를 다시 한번 되새기면서 수업을 마무리하는 것이 좋습니다.

수업 후기 ────

• 놀이 활동인 만큼 토양의 소중함을 느꼈으면 하는 수업의 의도보다 친구들을 쓰러트리는 재미가 더 부각되기 쉽습니다. 실제로 소감 나누기를 하며 해당 활동이 그저 재밌고 웃겼다고 대답하는 친구들이 있었어요. 하지만 교사가 학생들이 각자의 역할에 감정 이입할 수 있는 분위기를 조성하고 놀이가 끝난 뒤 의미를 되새길 수 있는 발문을 던진다면 수업의 의미 또한 살릴 수 있을 것입니다. 우리 반 친구들은 '토양 친구들이 많이 사라져서 아쉬웠다.', '집중 호우 억울인네

토양을 지켜야 한다는 마음에 슬프기도 했지만 친구들을 아웃시키는 건 재밌었다.' 등의 소감을 나눠주었습니다. 이러한 소감을 나눈 뒤에 '토양 친구들을 다시 하나로 뭉칠 수 있게 하려면 우리는 어떤 노력을 해야 할까요?' 등과 같은 추가 발문을 던져 수업의 의미를 되살려 보세요.

• 학생들이 토양을 지키기 위해 실천할 수 있는 행동에는 무엇이 있을까요? 땅에 쓰레기 버리지 않기, 잔반 남기지 않기, 폐의약품이나 폐건전지는 알맞게 분리배출하기, 유기농과 무농약 마크가 있는 농산물 먹기 등이 있겠지요. 이런 활동들을 학급별 주간 미션으로 정해 실천해 봄으로써 나의 작고 사소한 행동이 땅의 건강과 연결되어 있음을 느낄 수 있어요. 저는 수업 후 후속 활동으로 유기농과 무농약 마크를 소개하고 '하루 동안 집이나 마트에서 마크 찾기' 미션을 제시했는데, 그날 오후 마트를 방문하여 유기농 마크를 찍어 보내는 학생, 집에서 쌀이나 채소를 찾아 무농약 마크를 찍어 보내는 학생들이 있었답니다. 마크를 확인하는 것은 단 3초이지만 이 선택이 30년 동안 땅을 건강하게 지켜낼 수 있어요. 이번 수업을 통해 가깝고도 멀었던 흙에 대해 생각해 보며 흙을 소중히 여기는 마음이 한 뼘 자라났을 거라 믿습니다.

33
뜨거워진 지구는 위험해!

👦 **대상 학년** 5~6학년   🦺 **소요 시간** 80분

지구의 온도가 점점 상승하고 있다는 사실은 이미 널리 알려진 이야기이지요. 여름철 폭염과 열대야, 북극 빙하의 해빙으로 인한 해수면 상승 등은 지구가 우리에게 보내는 구조 신호일지도 몰라요. 점점 과일의 재배 한계선이 올라오고 있어서 감귤이 제주도 이외의 다른 지역에서도 재배되고, 국산 사과가 사라지는 일이 일어날 거라고도 하지요. 이처럼 지구 온난화의 가속화로 인해 전 세계적으로 과일뿐만 아니라 식량 작물 재배에도 변화가 일어나고 있습니다. 이번 시간에는 지구 온난화로 인해 겪고 있는 기후 상태의 변화와 우리가 생활 속에서 피부로 느낄 수 있는 현상들을 바탕으로 지구 온난화와 기후 위기에 대해 학생들과 함께 생각해 보고, 위험성과 경고의 메시지를 담은 포스터를 제작하여 알리는 활동을 진행하고자 합니다.

학습 목표 ——

- 지구 온난화의 진행 증거를 살펴보고 지구 온난화의 심각성을 느낀다.
- 지구 온난화와 기후 위기를 알리는 포스터를 제작하여 위험성을 알린다.

교과 성취기준 ——

- **[4도04-01]** 생명의 소중함을 이해하고 인간 생명과 환경 문제에 관심을 가지며 인간 생명과 자연을 보호하려는 태도를 가진다.
- **[6도03-04]** 세계화 시대에 인류가 겪고 있는 문제와 그 원인을 토론을 통해 알아보고, 이를 해결하고자 하는 의지를 가지고 실천한다.
- **[6사01-03]** 우리나라의 기후 환경 및 지형 환경에서 나타나는 특성을 탐구한다.
- **[6사08-05]** 지구촌의 주요 환경 문제를 조사하여 해결 방안을 탐색하고, 환경 문제 해결에 협력하는 세계시민의 자세를 기른다.
- **[6사01-04]** 우리나라 자연재해의 종류 및 대책을 탐색하고, 그와 관련된 생활 안전 수칙을 실천하는 태도를 지닌다.
- **[6미01-04]** 이미지를 활용하여 자신의 느낌과 생각을 전달할 수 있다.

수업의 흐름

활동 순서	활동 안내	자료 및 참고 사항
도입 (10분)	• 지구 온난화의 원인과 결과에 대해 묻고 답하기 • 지구 온난화로 인해 발생하고 있는 여러 가지 현상을 담은 뉴스 영상 살펴보기	
전개 (60분)	• 지구 온난화의 증거 찾기 – 작물 재배 지역의 변화, 해수면 상승, 이상 기후(폭염, 화재) 등 • 지구 온난화의 실태를 알리고 경고하는 포스터 만들기(개인 활동 또는 모둠 활동)	• 동영상, 웹사이트, A4 용지, 유성 매직 또는 채색 도구
정리 (10분)	• 포스터 발표 및 전시하기 • 느낀 점 나누기	• 활동 결과물

평가 계획

상	지구 온난화의 진행 증거(이상 기후, 해수면 상승, 과일 재배 지역의 변화 등)를 설명할 수 있으며 지구 온난화의 위험성을 담은 포스터를 잘 만들어 알린다.
중	지구 온난화의 진행 증거(이상 기후, 해수면 상승, 과일 재배 지역의 변화 등)를 일부 설명할 수 있으며 지구 온난화의 위험성을 담은 포스터를 만들어 알린다.
하	지구 온난화의 진행 증거를 설명하지 못하며 지구 온난화의 위험성을 담은 포스터를 만드는 데 어려움이 있다.

활동 순서와 방법

도입 활동

1 지구 온난화로 인해 우리가 실제 겪고 있는 세계 곳곳의 비일상적인 현상(2021년 캐나다 폭염, 2022년 인도, 서유럽 폭염, 북극의 빙하, 식량 위기 등)들에 대해 자유롭게 이야기를 나눈다.

2 학습 목표를 안내한다.

전개 활동 1

1 영상을 시청하며 온난화로 인해 전 세계적으로 작물의 재배 지도가 바뀌고 있음을 안내한다.

2 영상과 웹사이트를 통해 빙하가 녹아 해수면이 상승하면 홍수 및 태풍이 발생했을 때 향후 침수 피해가 발생할 수 있는 지역을 살펴본다.

❤ Tip

▶ 5학년 1학기 사회 〈국토와 우리 생활 - 우리 국토의 자연환경 - 우리나라의 기후 살펴보기 - 지구 온난화가 사람들의 생활에 주는 영향〉을 학습하고 수업하면 더 효과적이에요.

▶ 농촌진흥청 국립원예특작과학원 홈페이지의 〈과수생육·품질관리시스템 - 기상·기후 - 재배적지〉에서 연도별, 작목별 재배 지역의 변화를 그래픽 지도로 살펴볼 수 있어요.

▶ 수업 전 그린피스 기후 위기 식량 보고서 〈사라지는 것들의 초상 – 식량편〉을 참고하면 좋아요.

전개 활동 2

지구 온난화의 여러 증거들과 우리가 겪
고 있는 상황들, 앞으로의 미래를 경고하
고 위험을 알리는 메시지를 담은 포스터
를 만든다.

🍂 Tip

▶ 이면지에 아이디어를 공유하고, 스케치 작업을 한 후에 본격적인 활동을 진행해요.

▶ 학교에서 매일 배출되는 A4 용지 상자나 택배 상자, 학기 말 교과서 배부 과정에서 나오는 폐
종이상자 등을 미리 수집해서 A4나 A5 용지 크기로 적당히 잘라 준비하면 자원 재활용도 하고
일반 종이보다 두꺼워서 포스터로 전시하거나 캠페인 활동하기에 좋아요.

▶ 개인별로 만들거나 모둠별로 통일된 주제로 만들도록 하고, 각자의 종이를 합쳐 큰 포스터로
제작하는 것도 허용해 주세요.

정리 활동

1 완성된 포스터를 공유하며 어떤 의미를 담고자 했는지 발표한다.

2 복도 또는 학급 게시판에 전시한다.

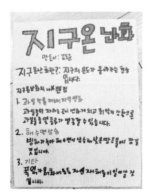

수업 후기 ————

• 지구 온난화를 교육하고 접근하는 방식에 변화가 필요하다고 생각합니다. 고학년의 수업 자료인 만큼, 해마다 더워지고, 봄, 가을이 짧아지고, 각종 이상 기후가 발생한다는 정도가 아닌 좀 더 최신의 기후 상황과 식량 지도의 변화, 더 나아가 식량 위기까지 다뤄보고 싶었습니다. 50년 뒤, 100년 뒤, 혹은 더 먼 미래에 일어날 것이라고 예상했던 환경적인 변화들이 다가오고 있습니다. 지구 온난화와 기후 위기에 대해 진지하게 관심을 가지고 경각심을 느껴 행동 변화를 이끌어낼 수 있었으면 합니다.

• 과일 재배 지도의 변화, 식량 작물 재배의 북한계선 상승 등은 5학년 사회 교육과정에 제시되고 있지만 학생들이 한 번에 이해하기 어려운 개념일 수도 있습니다. 하지만 위도가 낮은 쪽과 높은 쪽의 기온 차이를 설명해 주고 과일 재배 지역 변화 지도를 차근차근 살펴보며 특히 아열대, 열대 작물(귤, 망고, 바나나) 재배 지역의 변화를 언급하면 학생들이 다른 작물보다 상대적으로 쉽게 이해하는 모습을 확인할 수 있었습니다.

• 지구 온난화 경고 포스터의 경우는 모둠별로 공통된 주제를 정하여 각자 개인 포스터를 제작하는 방향으로 계획했는데 각자에게 주어진 종이를 아예 합쳐서 모둠별로 협력해서 하나의 큰 포스터를 제작한

학생들이 많았습니다. 이 과정에서 서로 아이디어를 나누며 의사소통을 하고 간결하면서도 강력한 메시지를 전달하는 작품이 산출되었습니다. 또한 개별로 제작한 학생들은 좀 더 자세하고 섬세하게 작업하며 만화 형식, 안내문 형식 등 충분한 정보를 담은 포스터를 제작하였습니다. 모둠 활동과 개별 활동 모두 의미 있는 결과물이 산출되므로 포스터 제작 부분에서 내용과 형식 등은 학급 상황에 따라 학생들이 자율적으로 선택하여 활동할 수 있도록 하는 것이 좋다고 생각합니다.

34
탄소발자국 인생게임

🧑 **대상 학년** 5~6학년   🏛 **소요 시간** 40분

'2050 탄소중립'이라는 목표 아래 우리나라도 탄소 배출 제로를 만들기 위한 세계적인 노력에 적극 참여하고 있어요. '탄소발자국'은 인간의 활동, 사용하는 상품의 생산, 소비 과정에서 발생한 이산화탄소의 총량을 의미해요. 이 탄소발자국 수치가 높을수록 지구 건강에 좋지 않은 영향을 미치게 되지요. 우리의 편리함을 위해 지구를 아프게 하는 행동은 이제 멈춰야 해요. 가까운 거리는 걷거나 자전거를 타고 이동하기, 대중교통 이용하기, 전자기기 사용 줄이기 등 나와 우리의 작은 실천으로 행복한 지구를 만들어봐요.

학습 목표 ———

• 탄소발자국의 의미와 실생활 속 탄소 배출의 심각성에 대해 깨닫고, 탄소중립을 위한 방법을 계획하고 실천한다.

교과 성취기준

- **[6사08-05]** 지구촌의 주요 환경 문제를 조사하여 해결 방안을 탐색하고, 환경 문제 해결에 협력하는 세계시민의 자세를 기른다.
- **[6도03-04]** 세계화 시대에 인류가 겪고 있는 문제와 그 원인을 알아보고, 이를 해결하고자 하는 의지를 가지고 실천한다.
- **[6미02-03]** 다양한 자료를 활용하여 아이디어와 관련된 표현 내용을 구체화할 수 있다.

수업의 흐름

활동 순서	활동 안내	자료 및 참고 사항
도입 (5분)	• 탄소중립의 의미와 탄소중립을 위한 노력 이해하기	• 동영상
전개 (30분)	• 1인 평균 탄소 발생량에 대해 알아보고 심각성 느끼기 • 일상적인 상황에서의 나의 선택에 따른 탄소발자국 발생량 알아보기 • 탄소중립을 실천할 수 있는 방법을 인생게임으로 이해하기	• PPT, 활동지 – 일상에서의 사소한 행동이 탄소 배출량을 높이고 있음을 안내하기
정리 (5분)	• 학교에서, 가정에서 학생들의 생활에서 실천할 수 있는 탄소중립행동 십계명 만들기	• 도화지, 채색도구

평가 계획 ———

상	탄소중립을 위한 방법을 잘 알고 실천 계획을 세워 실천할 수 있다.
중	탄소중립을 위한 방법을 잘 알고 계획도 세우지만 실천하려는 마음이 부족하다.
하	탄소중립을 위한 방법을 잘 이해하지 못하고 실천 의지도 약하다.

활동 순서와 방법 ———

도입 활동

1 동영상을 보고 탄소중립 실현을 위한 다양한 노력에 대해 이해한다.

2 학습 목표를 안내한다.

♥ Tip

▶ 동영상에는 탄소중립에 관한 폭넓은 내용이 다뤄지고 있으므로 필요한 내용만 선택하여 활용해요. 구체적인 노력에 대해서는 수업 전개 과정에서 논의하게 되므로 생략할 수 있어요.

▶ 탄소중립은 지구 환경 위기 전반에 영향을 미치는 일이므로 다양한 분야의 환경 문제와 더불어 이야기해 볼 수 있어요.

전개 활동 1

1 PPT를 보며 탄소중립의 의미와 1인 평균 탄소 발생량에 대해 알아본다.

2 PPT 속 학생의 일기를 통해 평소 행동

에서 얼마나 많은 탄소발자국이 발생하는지 살펴본다.

❤ Tip

▶ 내가 하는 사소한 행동들이 일상생활 속 탄소 배출로 이어지고, 이로 인해 기후 위기가 왔음을 인지할 수 있도록 해요. 또한 나와 우리가 변화되어야 함을 느껴 탄소중립을 위한 실천을 다짐할 수 있도록 동기를 부여해요.

전개 활동 2

PPT를 활용해 인생게임을 한다. 각자 미션을 고르고 그에 따른 방법을 선택하여 기록하며 탄소 배출량을 확인해 본다.

인생게임 방법

① 총 8가지의 미션을 확인한다.

② 각 미션에서 3가지 해결 방법 중 1가지를 선택한다.

③ 나의 선택에 따른 탄소 배출량을 누적 기록한다.

④ 각 미션별 교육 내용을 확인한다.

❤ Tip

▶ PPT 슬라이드 노트에 상세 설명 및 지도 유의사항이 기록되어 있으므로 교사가 사전에 인지한 후에 활용할 수 있도록 해요.

정리 활동

1 학급 협의를 통해 우리 반에서 실천 가능한 탄소중립행동에 대한 생각을 공유한다.

2 타협 및 협의 과정을 거쳐 꼭 지켜야 하는 실천 행동과 기간을 정한다.

3 실천 내용을 명료화하여 게시물을 제작한 뒤 우리 반의 '탄소중립 행동 십계명'으로 정하여 지속적으로 실천할 수 있도록 한다.

✿ Tip

▶ 실천 행동을 선정할 때 정보탐색 시간을 제공하여 다양하면서 실천 가능한 행동이 협의될 수 있도록 해요. 이런 협의를 통해 민주적인 의사결정 과정을 경험하게 하고, 그것을 진심으로 실천하는 것이 환경을 위해 꼭 필요한 행동임을 잊지 말도록 지도하는 것이 중요해요.

▶ 게시물을 제작할 때는 미적인 부분보다 명확하게 실천 행동을 표현하는 것이 더 중요해요. 따라서 지나치게 예쁘게 꾸미려 한다거나 오히려 환경을 오염시키는 쓰레기가 과다하게 배출되는 등 활동 목적에 벗어나지 않도록 해요.

▶ 개별 활동으로 '2050년 또는 2100년을 상상하여 일기쓰기' 활동을 할 수 있어요. 우리가 탄소중립실천을 잘했을 때의 미래는 어떤 모습일지 상상하는 과정으로, 긍정적인 미래 변화를 꿈꾸며 오늘의 실천 의지를 강화할 수 있어요.

수업 후기 ────

• 탄소중립 활동에 대해 학생들이 이해하지 못하면 결국 실생활에서의 실천과 멀어질 수밖에 없어요. 따라서 학생들이 환경에 지속적인 관심을 갖고 즐거움을 느끼며 탄소 배출에 대해 쉽게 이해하도록 만드는 것이 중요합니다. 이 수업에서의 '인생게임'을 통해 학생들은 탄소중립을 실천하는 일이 어려운 일이 아니라 생활 속에서의 작은 실천으로 실현할 수 있음을 알게 되었습니다. 또한 우리 반이 함께 실천하는 '탄소중립행동 십계명' 만들기를 통해 서로 선한 영향력을 주고받으며 실천 의지를 다질 수 있었습니다.

• 미션(문제)의 수가 다소 적어 '다양한 상황에서의 탄소 발생에 대한 인식을 제공해 주었나?' 하는 생각이 들어 아쉬움이 남았습니다. 그리고 각자 스마트 기기를 활용할 수 있는 환경이라면, 이 PPT의 인생게임을 개별적으로 해보는 것도 좋겠습니다. 미션에 이어 제공되는 보충 설명까지 자신의 속도에 맞춰 학습할 수 있기 때문입니다.

🌳 알아두면 좋아요! _ 탄소중립 실천 포인트

탄소중립 생활 실천 문화를 확산하기 위하여 다양한 민간기업의 친환경 활동 이용 시 이용 실적에 따라 인센티브를 지원하는 제도입니다. 일상생활 속에서 친환경 활동을 실천하는 국민 모두가 참여할 수 있습니다. '탄소중립 실천 포인트 누리집'과 참여 기업 시스템에 회원 가입한 후 생활 실

탄소포인트제로 에너지 절약하고
인센티브도 받을 수 있습니다.

천을 통한 포인트를 적립하면, 연간 7만 원 한도로 적립된 포인트를 카드 포인트나 현금으로 수령할 수 있답니다.

- 탄소중립 실천 다짐금(5,000원/최초)
- 종이영수증 대신 전자영수증 발급(100원/회)
- 리필스테이션에서 빈 용기에 세제나 화장품 충전(2,000원/회)
- 배달 앱에서 다회용기 사용 선택해 주문(1,000원/회)
- 차량공유업체 앱에서 무공해차 대여(100원/Km)
- 그린카드로 친환경 제품을 구매(1,000원/회)
- 기후 행동 1.5℃ 앱에서 실천 챌린지(연 4회) 참여(어린이, 청소년 대상)

35
1.5℃ 를 지켜라! 탄소중립 대작전

👦 **대상 학년** 1~2학년　　🏛 **소요 시간** 40분

현재 지구의 평균 온도는 산업화가 시작된 이래 1.1℃가 올랐습니다. 우리 몸에 열이 나서 체온이 38℃가 되면 일상생활이 어려운 것처럼, 지구의 평균 온도가 1.5℃ 이상 오르게 되면 지구에서 살고 있는 우리의 삶도 위기를 겪게 됩니다. 기후 변화로 인해 우리 앞에 닥친 위기와 이에 대응하기 위한 방법인 탄소중립에 대해 알아봅니다.

학습 목표 ―――

- 기후 변화로 인해 우리 앞에 닥친 위기와 탄소중립의 필요성을 이해한다.
- 탄소중립을 위한 올바른 실천 방법을 찾을 수 있다.

교과 성취기준

- **[2바08-02]** 생명을 존중하며 동식물을 보호한다.
- **[2즐01-01]** 친구와 친해질 수 있는 놀이를 한다.

수업의 흐름

활동 순서	활동 안내	자료 및 참고 사항
도입 (5분)	• 체온과 지구 온도를 연결지어 기후 변화의 위험 인식하기	• PPT
전개 (30분)	• 기후 변화로 인해 우리에게 닥친 위기 알아보기 • 기후 변화에 대응하는 탄소중립 이해하기 • 탄소중립 말판놀이를 통해 탄소를 줄이는 방법 익히기	• PPT, 탄소중립 말판놀이 활동지, 지우개, 연필, 동영상
정리 (5분)	• 탄소중립 생활 실천 다짐하기	• PPT

평가 계획

상	기후 변화로 인해 우리 앞에 닥친 위기와 탄소중립의 필요성을 이해하고 탄소중립을 위한 올바른 실천 방법을 찾는다.
중	기후 변화로 인해 우리 앞에 닥친 위기와 탄소중립의 필요성을 이해하나 탄소중립을 위한 올바른 실천 방법을 찾지 못한다.
하	기후 변화로 인해 우리 앞에 닥친 위기와 탄소중립의 필요성에 대한 이해가 어렵고 탄소중립을 위한 올바른 실천 방법을 찾지 못한다.

활동 순서와 방법 ———

도입 활동

1 36.5℃인 우리 몸의 평균 온도가 1.5℃ 올라 38℃가 되면 어떻게 될지 이야기 나눈다.

2 지구의 평균 온도가 1.5℃ 더 오르면 어떻게 될지 생각해 보고 이야기 나눈다.

전개 활동 1

1 지구의 온도는 산업혁명 이전과 비교해서 이미 1.1℃가 올랐음을 설명한다.

2 기후 위기로 인해 현재 우리나라와 세계 여러 나라가 받고 있는 피해를 PPT 속 사진과 함께 살펴본다.

3 지구 온도가 높아지는 이유를 영상을 통해 알아본다.

4 지구 온도가 1.5℃, 2℃ 이상 높아지면 발생하는 문제점을 살펴본다.

✿ Tip

▶ 저학년을 대상으로 하는 수업임을 고려하여 지구 과학적 용어의 설명보다는 쓰레기 발생, 화석 연료 사용, 자동차 매연, 에너지 사용, 축산업 등의 과정에서 지구 온도를 높이는 온실가스가 발생하며 이로 인해 이상 기후가 발생하게 됨을 전해요.

▶ PPT 자료에는 1.5℃ 이상이 올랐을 때, 2℃ 이상이 올랐을 때 발생하는 문제점이 제시되어 있지만 저학년을 대상으로 하는 수업임을 고려하여 수치에 집중하기보다는 어떤 문제들이 일어날 수 있는지 살펴보고 이해하는 데 중점을 두도록 해요.

전개 활동 2

1 PPT 자료를 통해 탄소중립의 의미를 설명한다.

2 탄소중립을 위한 개인, 기업과 국가의 역할을 설명한다.

   - 개인적 실천 : 전기와 물 절약하기, 물건 아껴 쓰기, 쓰레기 줄이기, 고기 없는 식사 도전하기

   - 기업과 국가의 역할 : 석탄화력발전소 멈추기, 신재생 에너지 사용 늘리기, 제품에 일회용품 사용하지 않기, 환경부 인증 마크 부여하기, 생태계 보전에 힘쓰기

전개 활동 3

1 말판놀이 활동지와 연필, 지우개를 준비하여 탄소중립 말판놀이를 진행한다. 말판에 적힌 글을 읽고 탄소 배출 및 탄소중립의 여부에 따라 점수를 가감하는 짝 활동 놀이다.

   ① 발사 지점에 지우개를 놓고 손가락으로 튕긴다.

   ② 지우개가 들어간 칸의 내용을 읽고 탄소를 많이 배출하는 일이라면 탄소발자국 점수에 1점을 더하고, 탄소중립을 위한 일이라면 탄소발자국 점수에서 1점을 뺀다.

③ 꽝에 들어갈 경우 기회가 다음 사람에게 넘어간다.

④ 지구에 들어갈 경우 선생님에게 와서 탄소중립을 위한 방법을 3가지 말한다.

2 짝과 함께 탄소중립 말판놀이를 10분간 진행하여 점수가 더 낮은 사람이 승리한다.

♥ Tip

▶ 점수가 계속 바뀌므로 말판놀이 활동지 점수 칸에 점수를 기록하면서 게임을 진행해요.

정리 활동

1 지구 평균 기온의 상승으로 인해 우리가 처한 현실을 다시 한번 상기한다.

2 탄소중립을 위한 방법 3가지를 짝에게 설명하고 생활 속에서 실천할 것을 다짐한다.

수업 후기 ────

저학년을 대상으로 하는 탄소중립 수업은 그 내용을 이해하기에 어려울 수 있어 기후 변화에 대한 대략적인 이해와 더불어 생활 속 실천 행동들을 보드게임 형식의 놀이에 접목해 보았습니다. 덕분에 아이들이 정말 흥미 있게 참여하는 모습을 볼 수 있었습니다. 다만 말판에 적힌 내용이 탄소발자국을 줄이는 것인지 늘리는 것인지 구분하기 어려워하는 경우가 있어서 교사의 도움이 종종 필요했습니다. 말판의 각 내용에 탄소발자국량을 '+'와 '−'로 표기해서 제공하면 학생들의 이해를 도울 수 있을 것 같습니다.

🌱 알아두면 좋아요! _ 기후 행동 1.5℃

정부, 기관, 기업, 민간 단체가 함께 만든 기후 변화 대응 행동 실천 앱으로 기후 행동 실천 일기, 기후 행동 퀴즈, 스쿨 챌린지, 탄소중립 챌린지 등을 제공하고 있습니다. 이밖에 기후 행동과 관련된 여러 정보를 제공하고 있어 탄소중립 생활을 실천하는 데 도움을 받을 수 있습니다.

🌱 알아두면 좋아요! _ 탄소중립

탄소중립이란 인간 활동으로 배출하는 이산화탄소량은 줄이고 이미 배출된 이산화탄소는 최대한 흡수시켜서 실질적으로 배출되는 이산화탄소량을 '0'으로 만드는 것을 의미합니다. 2015년 파리기후협약 이후 세계 여러 나라가 기후 변화 대응을 위해 탄소중립을 선언하고 있으며 우리나라는 2050년까지 탄소중립을 목표로 하고 있습니다.

36
기후 난민, 기후 정의 수업

👦 **대상 학년** 5~6학년   🏯 **소요 시간** 40분

최근 우리의 일상 속에서도 기후 변화의 위기감을 느낄 수 있습니다. 대한민국에서도 열대 기후의 특징이 곳곳에서 발견되고, 계절의 경계 또한 무너져 내리고 있지요. 교사가 되어 기후 위기에 대해 여러 차례 수업을 진행했지만 지구 온난화라는 거대한 담론은 아이들의 피부에 쉽게 와닿지 않는 것 같습니다. 하지만 안타깝게도 기후 위기에는 국경이 없습니다.

기후 위기가 인간의 삶에 미치는 영향을 살피다 보면 기후 난민을 만나게 됩니다. 기후 난민은 우리도 언제든지 처할 수 있는 상황임을 깨닫고 준비해야 합니다. 기후 난민 문제를 통해 현재 지구가 처한 현실을 만나봅시다.

학습 목표

- 기후 난민이 발생하는 원인에 대해 이해하고 설명할 수 있다.
- 기후 위기를 환경 정의적 관점에서 파악하고, 형평성을 고려한 의사 결정을 할 수 있다.

교과 성취기준

- **[6사08-06]** 지속 가능한 미래를 건설하기 위한 과제(친환경적 생산과 소비 방식 확산, 빈곤과 기아 퇴치, 문화적 편견과 차별 해소 등)를 조사하고, 세계시민으로서 이에 적극적으로 참여하는 방안을 모색한다.
- **[6도03-04]** 세계화 시대에 인류가 겪고 있는 문제와 그 원인을 토론을 통해 알아보고, 이를 해결하고자 하는 의지를 가지고 실천한다.

수업의 흐름

활동 순서	활동 안내	자료 및 참고 사항
도입 (5분)	• 자고 일어나니 집이 사라진 '나니'의 사연 상상하기	• 활동지
전개 1 (10분)	• 기후 난민의 의미와 원인 이해하기 • 기후 난민이 처한 불평등 찾아보기	• 활동지

전개 2 (20분)	• 기후 난민 핫시팅 인터뷰 준비하기 • 기후 난민 핫시팅 인터뷰 진행하기 • 가치 수직선을 이용하여 가치 분석하기	• 활동지
정리 (5분)	• 수업을 통해 변화한 점 발표 · 공유하기 • 실천 다짐하기	

평가 계획

상	기후 난민이 발생하는 원인을 이해하여 설명하고, 환경 정의적 관점에서 기후 난민을 위한 의사결정을 할 수 있다.
중	기후 난민이 발생하는 원인을 이해하여 설명할 수 있지만, 환경 정의적 관점에서 기후 난민을 위한 의사결정에 어려움이 있다.
하	기후 난민이 발생하는 원인을 이해하여 설명하고, 환경 정의적 관점에서 기후 난민을 위한 의사결정을 하는 데 어려움이 있다.

활동 순서와 방법

도입 활동

1 폴리네시아에 사는 '나니'의 집이 사라진 이유를 상상해 보고, 활동지에 적는다.

● 첫 번째, 폴리네시아에 사는 나니의 집이 사라졌습니다. 나니의 집은 왜 사라졌을까요?
기후변화로 인한 홍수, 호우폭염, 가뭄 등의 자연 재해 때문에 나니가 집을 떠나게 된 것 같습니다.

● 첫 번째, 폴리네시아에 사는 나니의 집이 사라졌습니다. 나니의 집은 왜 사라졌을까요?
나니의 집은 엄마네가 집 앞에 바다여서 바다가 넓어 해안선이 낮아져서 나니의 집이 사라졌을것 같다.

2 기후 변화로 인한 해수면 상승으로 국토가 잠기고 있는 나라의 사례를 통해 기후 난민에 대해 설명한다.

💜 Tip

▶ 나니의 집이 사라진 이유에 대한 답변 역시 현실 가능성을 고려하여 작성할 수 있도록 해요.

▶ 수업 전에 기후 변화로 잠기고 있는 나라에 대해 사전 조사를 진행할 수 있어요. 사전 조사를 통해 여러 국가의 사례를 살펴보면 수업이 매끄럽게 전개돼요.

전개 활동 1

1 기후, 난민의 개념을 각각 자신의 언어로 정의해 본다.

2 기후 난민의 개념을 이해하고, 기후 난민이 발생하게 된 원인(기후 변화)에 대해 알아본다.

3 기후에 영향을 미친 정도와 관계없이 기후 변화에 따른 영향을 받게 되는 불평등에 대해 함께 이야기 나눈다.

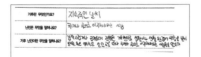

💜 Tip

▶ 기후와 난민에 대한 정의를 두루뭉술하게 인지하고 있는 경우가 많아 수업의 핵심개념을 학생들의 언어로 정립하는 과정이 필요해요.

▶ 기후 변화의 원인을 파악하는 과정에서 자연스럽게 기후 위기에 많은 영향을 미친 나라와 그렇지 않은 나라 사이의 불평등을 이해할 수 있어요. 기후 위기의 경우 국경이 없는 환경 문제이기에 온실가스를 많이 배출하지 않았음에도 극심한 영향을 받는 나라가 있음을 함께 이야기 나눠요.

전개 활동 2

1 기후 난민 핫시팅 인터뷰를 준비한다. 인터뷰 질문은 구체적으로 만든다.

2 기후 난민 당사자 역할을 맡은 학생은 인터뷰 질문을 듣고 답한다.

3 인터뷰를 마친 뒤 가치 수직선에 기후 난민에 대한 나의 감정과 태도를 표현하고 함께 이야기 나눈다.

 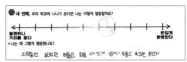

💜 Tip

▶ 인터뷰 질문을 만들 때 기후 난민 당사자가 자신과 같은 나이라는 설정을 하면, 학생들이 쉽게 감정 이입을 할 수 있어요.

▶ 기후 난민의 당사자 역할을 맡은 학생에게는 기후 난민의 인터뷰 기사 등을 제공하여 그들이 처한 상황에 대한 이해를 도울 수 있어요.

정리 활동

1 우리도 언제든지 기후 난민이 될 수 있으므로 기후 위기를 위한 해결이 먼 나라의 문제가 아닌 '모두를 위한 준비'임을 안내한다.

2 우리의 변화된 선택으로 인해 '나니'의 달라질 미래를 상상해 본다.

💜 Tip

▶ 우리가 선택한 변화가 나니의 미래를 어떻게 변화시킬 수 있을지 상상하는 활동을 통해 학생들의 실천 의지를 기르고 앞으로의 의사결정의 기준을 마련할 수 있어요.

수업 후기 ────

이번 수업을 통해 아이들은 모호했던 '기후'와 '난민'에 대해 자신만의 정의를 내리고, 기후 변화가 건강한 지구를 위협하는 이유가 된다는 것을 이해하게 되었습니다. 또한 국가마다 지구 환경에 미친 영향과 무관하게 불평등한 상황에 처할 수 있음을 다양한 사례를 통해 탐구하게 되었습니다. 이런 관점을 바탕으로 기후 문제에 접근하여 기후 난민에게 묻고 싶은 질문을 인터뷰 형식으로 만드는 활동을 통해 학생들은 환경 정의에 대해 생각하는 기회를 갖게 됩니다. 모호하던 기후 변화가 강렬한 감각으로 바뀌어, 아이들은 조심스럽게 그들에게 질문합니다. "집이 사라졌을 때 심정이 어땠어?", "꿈이 무엇이었어?" 참으로 다정한 질문이지요. 앞으로 우리가 어떤 미래를 만날지 모르지만 지금 품었던 마음이 언제든 아이들과 함께할 것입니다. 해당 수업이 미래의 문제가 아닌 지금의 문제로 논의될 수 있도록 선생님의 발문을 더해 주세요.

37
1년간의 환경 활동 내용 공유하기

😊 **대상 학년** 3~6학년   🎯 **소요 시간** 40분

한 해 동안 학생들은 선생님과 함께하며 환경의 아름다움에 대해 깨닫고 인간 중심적인 사고에서 벗어나 자신의 삶을 돌아보는 기회를 가졌을 거예요. 이 소중한 경험과 기억을 다른 친구들에게 소개하고 배움을 나눈다면 환경을 사랑하는 마음이 오래 지속되지 않을까요? 환경에 대해 배운 내용을 놀이를 통해 떠올려보고 책을 만들어 정리하는 시간을 가져봐요.

학습 목표 ────

• 1년간 배운 환경 교육의 내용을 정리할 수 있다.
• 배운 내용을 글, 그림 또는 문학 작품으로 표현하여 소개할 수 있다.

교과 성취기준

- **[4도04-01]** 생명의 소중함을 이해하고 인간 생명과 환경 문제에 관심을 가지며 인간 생명과 자연을 보호하려는 태도를 가진다.
- **[4국03-03]** 관심 있는 주제에 대해 자신의 의견이 드러나게 글을 쓴다.
- **[4국03-05]** 쓰기에 자신감을 갖고 자신의 글을 적극적으로 나누는 태도를 지닌다.
- **[6국03-02]** 목적이나 주제에 따라 알맞은 내용과 매체를 선정하여 글을 쓴다.
- **[6국03-06]** 독자를 존중하고 배려하며 글을 쓰는 태도를 지닌다.

수업의 흐름

활동 순서	활동 안내	자료 및 참고 사항
도입 (5분)	• '당신은 지구를 사랑하십니까?' 놀이하기	• 원마커 또는 의자
전개 1 (8분)	• 환경에 대해 배운 내용 떠올리기 • 배운 내용 정리하기	• 포스트잇
전개 2 (22분)	• 책에 담을 내용 쓰기	• A4 용지, 채색 도구
정리 (5분)	• 1년간 환경에 대해 배운 소감 나누기	

평가 계획 ———

상	배운 내용에 대해 설명할 방법을 스스로 정하고 구체적으로 표현할 수 있다.
중	배운 내용에 대해 설명할 방법을 정하고 표현할 수 있다.
하	배운 내용에 대해 설명할 방법을 정하였으나 표현하는 데 어려움을 겪는다.

활동 순서와 방법 ———

도입 활동

'당신은 이웃을 사랑하십니까?' 놀이를 변형한 '당신은 지구를 사랑하십니까?' 놀이를 진행한다.

놀이 방법

① 반 전체가 동그랗게 모여 원마커 위에 선 뒤 술래를 정하고 술래의 원마커를 빼놓는다.

② 술래는 원 가운데에 서서 원하는 사람을 지목한 뒤 "당신은 지구를 사랑하십니까?"라고 질문하고, 지목받은 사람은 "네." 또는 "아니오."라고 대답한다.

③ 지목받은 사람이 "아니오."라고 답하면 술래는 다른 친구를 찾아 다시 "당신은 지구를 사랑하십니까?"라고 질문한다. "네."라고 답했다면 "지구를 어떻게 사랑하십니까?" 하고 한 번 더 질문한다. 이때 지목받은 사람은 자신이 한 환경 실천으로 답한

다. (예 : 장바구니를 챙겨서 장을 보았습니다.)

④ 그 행동을 해본 친구들은 원마커를 벗어나 서로 자리를 바꾼다. 그 틈에 술래도 빈 원마커를 찾아 자리를 차지한다.

⑤ 자리를 차지하지 못한 친구가 술래가 되어 다시 놀이를 이어간다.

♥ Tip
▶ 교실 책상을 모두 뒤로 민 다음, 술래의 것을 제외한 의자를 둥글게 모아 빈자리를 차지하도록 게임을 진행할 수도 있어요.

전개 활동 1

1 '당신은 지구를 사랑하십니까?' 놀이에서 나온 환경 실천 행동과 놀이에서 나오지 않았지만 지금까지의 수업에서 배운 내용을 떠올려 포스트잇에 하나씩 적는다.

2 적은 내용을 다 같이 읽으며 같은 범주끼리 묶어 책의 목차를 정리한다.

♥ Tip
▶ 고학년이라면 목차의 이름과 책 제목을 스스로 지어보도록 해주세요.

전개 활동 2

각 모둠별로 하나의 꼭지를 맡아 책에 담을 내용을 정리한다.

💗 Tip

▶ 학생들이 그린 그림을 스캔한 뒤 컴퓨터 편집 프로그램을 통해 포스트잇에 쓴 글을 옮겨 적으면 그림책으로 만들 수 있어요.

▶ 그림책의 인쇄가 어렵다면 전자 그림책으로 만들 수도 있어요.

▶ 시로 표현하고 싶은 친구들을 위해서 교사가 환경과 관련된 시를 미리 준비해 두면 좋아요.

정리 활동

오늘 배운 내용에 대해 정리하며 느낀 점 또는 한 해 동안 환경에 대해 배우며 자신의 삶에서 느낀 변화 등을 친구들과 함께 나눈다.

수업 후기

• 지금까지 배운 다양한 환경 수업과 활동 내용, 또 느낀 점과 알게 된 점을 발표해 보라고 하면 이미 알고 있는 내용임에도 쉽게 떠올리지 못하는 아이들이 많습니다. 하지만 놀이를 통해 자신들이 실천한 환경 활동이나 습관을 떠올리게 하면 훨씬 자연스럽게 다양한 이야기들을 나누게 되지요. 부모님이 카페에 가실 때 텀블러를 꼭 챙기라고 잔소리를 하는 친구, 마트에 갈 때 장바구니를 챙기는 친구, 분리배출의 원칙을 알고 잘 지키려고 노력하는 친구, 가족여행으로 동물원은 절대 가지 않는다는 친구 등 자신의 삶에서 할 수 있는 사소한 실천을 해나가는 모습에서 환경을 지키려는 의지와 역량을 기른 모습을 엿볼 수 있었습니다.

• 책을 만드는 과정을 통해 배운 내용을 함께 정리하면서 단순히 전기를 절약해야 한다, 물을 절약해야 한다는 내용을 넘어 왜 전기를 절약해야 하는지, 왜 플라스틱 쓰레기를 줄여야 하는지 함께 이야기해 보았습니다. 환경 문제에 대해 다시 한번 깊게 이해할 수 있는 시간을 가질 수 있어서 뜻깊은 시간이었습니다. 또한 책을 만든 후에는 다른 학교 친구들과도 이 책을 공유하며 환경을 지키는 데 함께 하고 싶다는 이야기도 나누었습니다. 다른 학급과 학년, 다른 학교에도 공유하면 더 의미 있는 활동이 될 것 같습니다.

38
생활 속 유해화학물질 알아보기

👶 **대상 학년** 전학년　　🏯 **소요 시간** 40분

2022년 여름, 스타벅스가 여름 이벤트 기간에 제공한 굿즈 중 한 제품에서 1급 발암물질 '폼알데하이드'가 검출되어 많은 사람들의 공분을 샀습니다. 폼알데하이드는 장기간 노출 시 아토피 피부염, 눈 따가움, 호흡기 장애 등을 일으키는데요. 개봉 전 제품에서 높은 수치의 폼알데하이드가 검출되면서 스타벅스는 많은 비판을 감당해야 했습니다. 이처럼 다수의 화학제품들이 유통되는 현대 사회에서 우리는 화학물질을 피해 살아갈 수는 없습니다. 그럼에도 안전하다고 믿고 구입한 물건이 내 몸을 해롭게 한다면 너무나도 불안하지 않을까요? 환경 교육에서 환경 보건 분야는 생소할 수 있습니다. 하지만 어린이들이 내 몸을 안전하게 지키기 위해 꼭 배워야 하는 부분이기도 합니다. 따라서 이번 수업에서는 플라스틱을 부드럽게 만들어주는 유해화학물질인 '프탈레이트'에 대해 알아보려 합니다.

학습 목표

- 플라스틱을 부드럽게 만들어주는 유해화학물질인 '프탈레이트'에 대해 알아보고, 유해화학물질로부터 내 몸을 지키는 방법을 말할 수 있다.
- 교실에서 친환경 마크 또는 KC마크가 있는 물건을 찾아보고, 물건을 구입하고 사용할 때 유의할 점을 익혀 생활 속에서 지킬 수 있다.

교과 성취기준

- **[2안01-02]** 학용품의 위험 요인을 알고 안전하게 사용한다.
- **[6실02-08]** 생활 안전사고의 종류와 예방 방법을 알아 실생활에 적용한다.

수업의 흐름

활동 순서	활동 안내	자료 및 참고 사항
도입 (5분)	• 내가 사용하는 플라스틱 물건에 대해 이야기 나누기 • 학습 목표 및 학습 활동 확인하기	
전개 (30분)	• '프탈레이트' 관련 영상 시청하기 • 교실에서 친환경 마크 또는 KC마크가 있는 물건 찾기 • 내가 찾은 물건의 주의사항을 읽고 눈에 띄거나 반복되는 문구 확인하기	• 활동지, 모둠 칠판, 보드마카, 화이트보드 지우개, 동영상

| 정리
(5분) | • 내 몸을 유해화학물질로부터 안전하게 지키기 위한 약
속 발표하기 | |

평가 계획

상	다양한 자료(영상 시청, 물건 탐색 등)를 통해 유해화학물질로부터 내 몸을 지키는 여러 가지 방법을 스스로 찾아 한 가지 이상 다짐할 수 있다.
중	유해화학물질로부터 내 몸을 지키는 여러 가지 방법을 알고 한 가지 이상 다짐할 수 있다.
하	유해화학물질로부터 내 몸을 지키는 방법을 알지 못한다.

활동 순서와 방법

도입 활동

1 내가 사용하고 있는 플라스틱 제품에는 무엇이 있는지 친구들에게 소개한다.

2 학습 목표 및 학습 활동을 안내한다.

♥ Tip

▶ 개인별로 스마트 기기가 있어 활용 가능한 환경이라면 학생들 스스로 관련 영상을 찾아보는 활동으로 구성해요.

전개 활동 1

1 플라스틱 속 유해화학물질인 '프탈레이트'에 대한 동 영상을 시청한다.

2 영상에서 중요한 내용을 활동지에 기록한다.

♥ Tip

▸ 저학년은 동영상 속 '플라스틱의 종류와 이용되는 제품' 부분이 어려울 수 있으므로 생략할 수 있어요.

▸ 동영상 속 '자연물을 활용한 놀이'를 체육이나 창의적 체험활동 시간을 이용해 진행할 수 있어요. 아이들과 돌을 이용한 사방치기, 나뭇가지로 작품 만들기, 모래놀이 등을 실천해 보세요.

전개 활동 2

1 친환경 마크와 KC마크에 대해 알아보고, 교실에서 친환경 마크 또

는 KC마크가 있는 물건을 찾아본다.

2 내가 찾은 물건의 주의사항을 읽어보고 눈에 띄거나 반복되는 문구를 찾아 활동지에 기록한다.

3 모둠원들과 자신이 찾은 주의사항 문구를 공유하고 모둠 칠판에 한가지를 쓴 뒤 다른 모둠원이 찾은 주의사항을 들어본다.

4 영상 시청과 물건 탐색을 통해 알게 된 유해화학물질로부터 내 몸을 지키는 안전 수칙에는 무엇이 있는지 활동지에 기록한다.

정리 활동

생활 속에서 지켜나갈 안전 수칙을 한 가지 정해 발표한다.

수업 후기

• 친환경 마크와 KC마크 찾기 놀이를 했더니 학생들은 신이 나서 교실 곳곳을 뒤지기 시작했습니다. 교과서부터 시작하여 딱풀, 사인펜, 줄넘기 등 본인이 사용하는 많은 물건에서 쉽게 KC마크를 찾아냈지요. 이 수업을 하기 전에는 학생들이 자신이 구입한 물건에 어떤 마크

가 붙어 있는지, 어떤 주의사항이 적혀 있는지에 대해 전혀 관심이 없었다는 것입니다. 배웠기 때문에 비로소 눈에 보이기 시작하는 것이죠. 수업 이후에도 학기 내내 KC마크를 발견할 때마다 "선생님, 여기 KC마크 있어요!"라고 외치는 학생들을 볼 수 있었습니다.

• 교실 물건 중 친환경 마크는 의외로 찾기 어려웠습니다. 그래서 가정 과제로 '친환경 마크가 있는 제품을 찾아 사진 찍어오기' 미션을 내주었더니 '친환경'이라는 글자만 적혀 있거나 나뭇잎 일러스트와 함께 에코(Eco)라고 써진 마크도 친환경 마크가 맞는지 묻는 학생들이 있었습니다. 친환경 이미지를 부각하기 위해 친환경 마크가 아닌데도 그런 척하는 제품인 것이죠. 친환경 제품으로 홍보하지만 실제로는 그렇지 않은 '그린워싱(greenwashing, 위장환경주의)' 제품일 수도 있음을 알려주면 좋을 것 같습니다.

🦷 알아두면 좋아요! _ 환경보건교육자료 '케미스토리'

'케미스토리'는 환경보건교육 온라인 학습터입니다. 국민의 환경과 건강을 보호하기 위해 '생애주기 환경보건교육 지침서'를 기반으로 지도안, 활동지, 영상, 게임 등을 제작하여 제공하고 있습니다. 〈케미스토리-즐겨봐요-교육자료〉에 들어가면 보다 다양한 환경보건교육자료를 다운받을 수 있습니다. 이번 수업에서 소개한 프탈레이트뿐만 아니라 '폼알데하이드(포름알데히드)'나 '라돈', '납' 등의 다양한 유해화학물질도 케미스토리를 통해 쉽게 배울 수 있습니다.

39
환경 진로교육 - 그린 잡

👦 **대상 학년** 5~6학년 📛 **소요 시간** 40분

직업 생태계는 시대 변화에 따라 빠르게 바뀝니다. 미래 사회의 변화를 예측하는 것이 어렵긴 하지만 예측을 해본 사람이 그렇지 않은 사람보다는 높은 위기 대응력을 갖게 되겠지요. 그렇다면 미래의 직업 생태계는 어떤 모습일까요? 충분히 예측 가능하면서도 중요한 미래 사회의 변화는 바로 기후 위기 대응이 아닐까요? 이와 관련된 '그린 잡(green job)'에 대한 관심도 조금씩 높아지고 있습니다. 떠오르는 미래 직업인 그린 잡에 대해 알아보고, 환경과 관련한 미래 사회의 변화를 예측하여 그린 잡을 직업으로 삼는 나의 모습을 상상해 볼까요?

학습 목표 ────

• 환경을 파괴하지 않는 새로운 형태의 친환경 일자리인 그린 잡을 이해할 수 있다.

• 미래 사회 변화를 예측하여 그린 잡을 직업으로 가진 나의 모습을 상상한 뒤 인터뷰 대본을 쓸 수 있다.

교과 성취기준 ──

• **[교육부 2015 학교 진로교육 목표와 성취기준]** 일과 직업의 의미와 역할, 직업 세계의 다양성과 변화를 이해하고 일에 대한 긍정적이고 개방적인 태도를 형성한다.

수업의 흐름 ──

활동 순서	활동 안내	자료 및 참고 사항
도입 (2분)	• 미래 직업 생태계에 영향을 주는 미래 사회의 트렌드 예측하기 • 학습 목표 확인하기	
전개 (30분)	• 그린 잡의 개념과 등장 배경 이해하기 • 퀴즈를 맞히며 다양한 그린 잡(예 : 보전생물학자, 재생에너지 전문가, 빗물 사용 전문가, 폐기물 처리 기술자, 환경 전문 변호사 등)의 사례 살펴보기 • 그린 잡을 직업으로 가진 나의 모습을 상상하여 인터뷰 대본 작성하기	• 활동지, 그린 잡 퀴즈 PPT, 태블릿 PC(선택)
정리 (8분)	• 인터뷰하기	• 활동지, 모형 마이크 2개

평가 계획 ———

상	그린 잡이 무엇인지 설명할 수 있고, 미래 사회 변화를 예측하여 그린 잡을 직업으로 가진 나의 모습을 상상한 뒤 표현하고자 하는 바가 효과적으로 드러나도록 인터뷰 대본을 쓸 수 있다.
중	그린 잡이 무엇인지 설명할 수 있고, 미래 사회 변화를 예측하여 그린 잡을 직업으로 가진 나의 모습을 상상한 뒤 인터뷰 대본을 쓸 수 있다.
하	그린 잡이 무엇인지 설명할 수 있으나, 미래 사회 변화를 부분적으로 예측하여 그린 잡을 직업으로 가진 나의 모습을 상상한 뒤 인터뷰 대본을 쓸 수 있다.

활동 순서와 방법 ———

도입 활동

1 미래 사회의 트렌드를 예측하고, 미래 사회에 떠오를 직업은 무엇일지 이야기 나눈다.

2 학습 목표를 안내한다.

전개 활동 1

1 환경을 파괴하지 않는 새로운 형태의 친환경 일자리인 그린 잡의 등장 배경을 살펴본다.

2 현재 우리가 겪는 환경 문제를 해결하기 위해 새롭게 등장했거나 앞으로 필요한 직업은 무엇일지 그린 잡 퀴즈를 통해 살펴보고, 다양한 그린 잡의 사례를 알아본다.

❤️ Tip

▶ 기후 위기에 대응하기 위해서는 탄소 배출의 감축과 기후 변화에의 적응이 동시에 이루어져야 해요. 탄소 저감을 위한 직업들뿐만 아니라 위험을 최소화하고 새로운 대비 체계를 구축하는 과정에 필요한 직업들(예 : 보전생물학자, 재생 에너지 전문가, 빗물 사용 전문가, 폐기물 처리 기술자, 환경 전문 변호사, 탄소 배출권 중개인 등)도 생겨나고 있음을 안내해요.

전개 활동 2

2050년, 그린 잡 전문가가 된 자신이 인터뷰 예능 프로그램 '유 퀴즈 온 더 블록'에 출연 하게 된다면 어떤 모습일지 상상하며 인터 뷰 대본을 작성해 본다.

- 어떤 분야의 전문가인가요?
- 어떤 일을 하나요?
- 2050년의 상황과 이로 인한 어려움은 무 엇이며, 이 어려움을 어떻게 극복해야 할까요?
- 이 직업을 갖기 위해 갖추어야 할 능력은 무엇인가요?
- 이 직업의 장점과 단점은 각각 무엇인가요?
- 이 직업을 가지며 겪었던 보람찬 에피소드를 소개해 주세요.

- 다음은 '유 퀴즈 온 더 블록'의 공통 질문입니다. 좋아하는 일과 잘하는 일의 사이, 당신은 지금 어떤 것을 하고 있나요?

🍂 Tip

▶ 앞에서 다룬 직업 이외에도 기후 위기에 대응하는 과정에서 생겨날 만한 직업을 선택하여도 좋아요.

▶ 2차시 수업으로 진행할 경우 학생 개인별로 스마트 기기를 제공하여 자신이 선택하거나 떠올린 직업에 대해 스스로 찾아본 후 인터뷰 질문에 답하게 하면 인터뷰 내용이 더 풍성해져요.

▶ 단순히 그린 잡 전문가로 사는 삶을 상상하여 인터뷰 질문에 답하는 것보다는 학생들에게 익숙한 인터뷰 예능 프로그램에 출연하는 상황을 가정하면 몰입도를 더 높일 수 있어요.

정리 활동

자신이 완성한 인터뷰 대본을 토대로 인터뷰를 진행하며 공유한다.

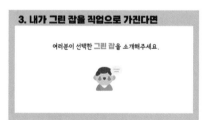

🍂 Tip

▶ 학생들 중 인터뷰 진행자를 뽑으면 실감 나는 인터뷰를 진행할 수 있어요.

수업 후기 ─────

• 처음에 직업 생태계가 사회 변화에 발맞추어 변화한다는 말에 고개를 끄덕이는 학생은 극소수였습니다. 하지만 퀴즈를 통해 기후 위기로 인한 문제와 직업을 하나둘 연결하며 사회의 요구에 따라 주목받는 직업이 달라진다는 시각을 갖기 시작했습니다. 그리고 아이들은 직접 경험하거나 들어본 환경 문제를 해결하기 위해서 어떤 직업이 필요할지 자연스럽게 떠올리는 모습을 보였습니다.

• 교실에서 틈틈이 해왔던 환경 교육 덕분인지 환경 문제와 그린 잡을 연결하고 해당 직업이 어떤 일을 하는지 떠올리는 과정이 수월했으나, 환경에 대한 사전 지식이 없는 상황이라면 시간을 여유롭게 주는 것이 좋을 것 같습니다. 2차시 수업으로 계획하고 학생 개인별로 태블릿 PC를 제공하여 선택한 그린 잡과 관련 분야를 조사할 시간을 주어야 인터뷰에서 더 풍부한 이야기가 나올 것입니다.

• "어른이 되어 어떤 직업을 갖고 싶은가요?"라는 질문에 아이들은 유튜브 크리에이터, 의사, 변호사, 선생님, 가수 등의 예상 가능한 답변을 꺼내놓습니다. 아이들이 장래희망이라고 이야기하는 직업들은 교사인 제가 학창시절 떠올린 직업들과 큰 차이가 없습니다. 어찌 보면 아이들이 꿈꾸는 미래에는 미래 사회의 변화에 대한 고민 없이 현재만 존재하는 것 같습니다. 그린 잡이 미래 직업 세계의 전부는 아니지만, 이 수업을 통해 아이들이 세상에는 수많은 일과 직업이 있다는 것을 인식하며 진로 고민의 시야를 넓힐 수 있길 바랍니다.

40
교실에서 실천하는 자원 순환 – 업사이클링

👦 **대상 학년** 5~6학년　🗓 **소요 시간** 80분

무분별한 일회용품의 사용과 이로 인해 넘쳐나는 쓰레기로 골치 아픈 지금의 상황을 어떻게 타개할 수 있을까요? 친환경적 생산과 소비로 쓰레기를 줄이는 것도 중요하지만 자원 순환이 제대로 이루어져야 합니다. 업사이클링(upcycling)은 자원 순환 방법의 하나로 기존에 버려지는 제품들을 새롭게 디자인하거나, 혹은 다른 방법으로 활용하여 가치를 높여 재탄생시키는 것입니다. 발전하는 환경 의식에 발맞추어 업사이클링 제품들이 주목을 받게 되었고 최근에는 더 기발한 제품들이 쏟아져 나오고 있습니다. 아이들과 업사이클링을 해보며 자원 순환을 직접 경험해 볼까요?

학습 목표 ——

• 자원 순환의 의미를 이해하고 업사이클링을 실천해 본다.

교과 성취기준

- **[6실03-04]** 쾌적한 생활 공간 관리의 필요성을 환경과 관련지어 이해하고 올바른 관리 방법을 계획하여 실천한다.
- **[6사08-06]** 지속 가능한 미래를 건설하기 위한 과제(친환경적 생산과 소비 방식 확산, 빈곤과 기아 퇴치, 문화적 편견과 차별 해소 등)를 조사하고, 세계시민으로서 이에 적극 참여하는 방안을 모색한다.
- **[6미01-05]** 미술 활동에 타 교과의 내용, 방법 등을 활용할 수 있다.

수업의 흐름

활동 순서	활동 안내	자료 및 참고 사항
도입 (3분)	• 연간 세계 쓰레기 배출량을 어림하여 자원 순환의 필요성 느끼기 • 학습 목표 확인하기	• PPT
전개 (70분)	• 제로웨이스트와 업사이클링의 개념을 이해하고 자원 순환의 의미 파악하기 • 양말목으로 냄비 받침 만드는 방법 배우기 • 양말목으로 냄비 받침 만들기	• PPT, 동영상, 양말목(1인당 62개) – 모둠 활동으로 진행해 서로 돕고 협력할 수 있도록 지도하기
정리 (7분)	• 활동 소감 나누기 • 집에서 양말목 냄비 받침을 사용하는 인증 사진 찍어 공유하기	

평가 계획

상	자원 순환의 의미를 이해하고, 양말목을 활용한 업사이클링 활동에 적극적으로 참여한다.
중	자원 순환의 의미를 이해하지 못하였으나 양말목을 활용한 업사이클링 활동에 잘 참여한다.
하	자원 순환의 의미를 이해하지 못하고, 양말목을 활용한 업사이클링 활동에 어려움을 느낀다.

활동 순서와 방법

도입 활동

1   선생님이 하루 동안 배출한 쓰레기의 종류와 양을 토대로 하루 평균 세계 쓰레기 배출량을 계산하는 활동을 통해 자원 순환의 필요성을 알아본다.

연간 세계 쓰레기 배출량은 얼마나 될까?

① 선생님이 하루 동안 배출한 쓰레기를 사진으로 확인해 본다.

② 사진 속 쓰레기의 무게가 ○kg이라면, ○kg이 한 사람의 하루 평균 쓰레기 양이라고 가정하고 하루 동안 우리나라에서 만드는 쓰레기의 양과 전 세계 사람들이 만드는 쓰레기의 양을 각각 구해 본다.

③ 우리나라 인구를 약 5천만 명이라고 보고, 하루 동안 우리나라에서 만드는 쓰레기의 양은 '○ ×5천만'으로 계산한다.

④ 전 세계 인구를 약 70억 명이라고 보고, 하루 동안 전 세계 사람들이 만드는 쓰레기의 양은 '○ ×70억'으로 계산한다.

⑤ 실제 통계 자료와 학생들이 한 계산을 비교하여 어떤 유의미한 차이가 있는지 살펴본다.

2　학습 목표를 안내한다.

💙 Tip

▶ 이 활동은 우리가 생산하는 쓰레기가 실제 많다는 것을 인지하여 자원 순환의 필요성을 알아보기 위함이므로, 정확한 계산을 위해 지나치게 에너지와 시간을 쏟지 않도록 휴대폰이나 계산기를 활용하여 진행해요.

▶ 선생님께서 실제로 하루 동안 배출한 쓰레기의 양을 측정하여 활동을 진행한다면 계산을 쉽게 할 수 있도록 어림하여 대략적인 숫자로 제시해요.

전개 활동 1

1　동영상을 시청하며 제로웨이스트와 업사이클링의 개념을 이해하고 자원 순환의 의미를 파악한다.

2　다양한 예시를 통해 '업사이클링'의 개념을 알아본다.

전개 활동 2

1 동영상을 통해 양말 생산 과정에서 버려지는 고리 모양의 산업 폐기물인 양말목에 대해 알아본다.

2 동영상을 통해 양말목을 활용해서 냄비 받침을 만드는 방법을 배운다.

3 양말목으로 냄비 받침을 직접 만든다.

말을 만드는 과정에서 버려진 산업 폐기물을 모아 판매하는 것이 맞는지 확인해야 해요.

▶ 양말목 공예는 학생별로 만드는 속도가 천차만별이므로 모둠 안에서 먼저 끝낸 학생이 다른 학생을 도와가며 서로 협력할 수 있도록 해요.

▶ 실물 화상기를 활용하여 교사가 직접 천천히 안내해 주면 학생들이 활동을 더 빠르고 정확히 따라할 수 있어요.

정리 활동

1 업사이클링으로 완성한 서로의 냄비 받침을 감상하며 활동 소감을 나눈다.

2 집에서 냄비 받침을 사용하는 모습을 사진 찍어 학급 누리집에 공유한다. 단순히 만들기 활동으로 끝내지 않고 생활 속에서 실제로 사용하며 업사이클링의 의미를 되새긴다.

수업 진행 팁 ———

교실에서 실천할 수 있는 자원 순환 활동은 다양합니다. 양말목 공예가 아니더라도 '커피박 재활용 방향제 만들기,' '우리 반 알뜰 장터,' '안 입는 옷으로 에코백 만들기' 등의 활동을 통해 자원 순환을 경험해 볼 수 있습니다. 교실 여건 및 학생들의 흥미도에 따라 다른 활동으로 대체하여 진행해 보세요.

커피박 재활용 우리 반 알뜰 장터 안 입는 옷으로
방향제 만들기   에코백 만들기

수업 후기 ──────

• 직조틀을 활용했다면 더 쉽고 빠르게 양말목을 활용한 업사이클링 활동을 진행할 수 있었을 것입니다. 하지만 직조틀 자체가 새로운 쓰레기가 된다면 학습 주제인 '자원 순환'과는 멀어진다고 생각하여 어려운 도전일 수도 있는 냄비 받침 만들기를 선택하였습니다. 처음에는 전혀 원리를 모르니 어려워하다가, 나중에는 손에 익어 기계처럼 해내는 학생들의 모습을 발견할 수 있었으며 더 만들고 싶다고 재료를 집에 챙겨가는 친구들도 많았습니다. "선생님, 이런 (좋은) 걸 왜 버리나요?"라는 학생의 말이 기억에 남습니다.

• 양말목으로 냄비 받침을 만드는 방법을 우선 처음부터 끝까지 보여 준 후에 실물 화상기를 활용하여 단계별로 함께 만들었습니다. 이때 제가 안내하지 않았음에도 먼저 끝낸 아이들이 주변 친구들을 도와주

는 모습을 발견할 수 있었습니다. 만들기 활동을 시작하기 전에 미리 모둠 안에서 서로 돕도록 안내한다면 아이들 간의 협력이 더 잘 이루어져 만들기가 어렵다는 생각에 포기하거나 소외되는 학생들이 없을 것입니다.

사계절 생태 환경 수업

1쇄 발행 2022년 11월 28일
3쇄 발행 2023년 11월 22일

지은이 지구하자 초등환경교육연구회

발행인 윤을식
펴낸 곳 도서출판 지식프레임
출판등록 2008년 1월 4일 제2023-000024호
전화 (02)521-3172 | **팩스** (02)6007-1835

이메일 editor@jisikframe.com
홈페이지 http://www.jisikframe.com

ISBN 978-89-94655-07-9 (03370)